U0455739

父母是孩子最好的心理老师

宫相真　郭　筱　著

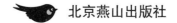 北京燕山出版社

图书在版编目（CIP）数据

父母是孩子最好的心理老师 / 宫相真，郭筱著 . —
北京：北京燕山出版社，2022.5
ISBN 978-7-5402-6440-6

Ⅰ . ①父… Ⅱ . ①宫… ②郭… Ⅲ . ①青少年教育—家庭
教育 Ⅳ . ① G782

中国版本图书馆 CIP 数据核字 (2022) 第 024848 号

父母是孩子最好的心理老师

著　　者	宫相真　郭　筱	
责任编辑	李　涛	
封面设计	高昊威	
出版发行	北京燕山出版社	
地　　址	北京市丰台区东铁匠营苇子坑 138 号	
电　　话	010-65240430	
邮　　编	100079	
印　　刷	廊坊市安次区团结印刷有限公司	
经　　销	新华书店	
开　　本	889mmx1194mm　1/32	
字　　数	145 千字	
印　　张	7.875	
版　　次	2022 年 5 月第 1 版	
印　　次	2022 年 5 月第 1 次印刷	
定　　价	42.00 元	

前　言

　　我从事学生心理工作 15 年了，郭老师也有 10 年的学生心理咨询经验。我们一直没有脱离一线，这么多年一直在接触不同类型的学生和家长，因为学生心理跟成人心理还是有很大区别的，学生心理离不开家庭教育。见的学生多了，解决的案例多了，就有很多家长会问我有没有自己的书籍，于是我就产生了出书的想法，而之前确实没想过要出书。现实中很多家长不是不想读书，而是不知道读哪些书？更不知道该如何把书的内容用到教育自己孩子上。

　　为什么父母是孩子最好的心理老师呢？因为父母最了解孩子，如果掌握一些心理知识和家庭教育的方法，很多孩子的问题完全可以在家庭化解。我有一个观点，"当鱼出现问题的时候，一定要找水的原因"。孩子的问题通过家庭系统来解决，是最有效的办法。

　　书的内容为什么选择这些？我觉得这些内容对不同年龄段孩子的父母都有用。教育孩子是大事，不能顺其自然发展，更不能想当然按照自己的经验来，毕竟每个孩子都是独特的。当然，父母们也不用太焦虑，先了解自己的孩子。本书内容就类似说明书一样，让家长学会教育方法，做一个合格的父母。众所周知，很多家庭教育的书籍都是理论性概述，家长很难运用到日常教育当中。读完这本书，照着去做，你相当于拿到一个合格家长证书，基本可以确保孩子在成长过程中不出现大的问题。

在本书中，家长可以先了解青少年心理发展的特点，学会分析孩子的学习问题，掌握教育孩子的具体方法，以及一些常见问题的百问百答，最后以真实可信的案例让家长更有代入感，可以设身处地，反思自己的教育方法。家庭教育指导和家长百问百答采用一问一答的形式，每个问题直接指向中国家长普遍存在的教育困惑，这些困惑的点拨对于促进家庭对于孩子健康成长的作用，是非常重要的。本书内容形式多样，既有深入浅出的专业理论支持，又有真实的案例咨询手记，配合现实问题的解答，让父母教育孩子不再那么难。

宫相真

2022 年 5 月 8 日

目　录

第一章
了解青少年心理发展特点

大自然不需要早熟的果子，因为那是生涩的、不甜美的。人类需要渐渐长大的儿童，揣着童心的儿童样子的儿童，那才是长久的、健康的、醇美无比的。

—作家秦文君

青少年阶段是个体由童年向成人过渡的时期，年龄范围为 12 岁~18 岁之间，因人而异，大体相当于初中阶段和高中阶段。经历了这个时期的发展，个体的生理发育、心理状态以及社会性会日益成熟。

第一节　青少年生理发育高峰

青春期属于特殊时期，由于这个期间的发展是非常复杂、充满矛盾的，又称为"困难期""危机期"，其主要特点是身心发展不平衡，身体发育的成人感和心理发育的半成熟现状之间的矛盾及这些矛盾所带来的心理和行为的特殊变化。

一、身体外形的变化

1. 身高

身高的快速增长是青春期儿童身体外形变化最明显的特征，在青春发育期期间，平均每年长高约 6~8 厘米，甚至达到 10~12 厘米之多。同时，身高增长存在着明显的性别差异，一般女性少年 12 岁为成长最快期，男性少年 14 岁为成长最快期。

2. 体重

体重是身体发育的另一个重要标志，同样也存在着性别差异。女性少年体重增加高峰期在 12 ~ 13 岁，平均每年增加 4.5 千克；男性少年体重增加的高峰期在 14 岁，平均每年增加 5.5 千克。

3. 头面部

进入青春期的学生，其头面部特点也发生了微妙的变化。首先，相对于童年期头部骨骼的增长速度显著减慢，童年期那种头大身小的特征逐渐向成人的体貌特征发展。其次，较低的额部发际逐渐向头顶及两鬓后移，嘴巴变宽，原来较为单薄的嘴唇开始丰满。

4. 体内机能

青春发育期的少年儿童体内各机能都在迅速增长并逐渐达到成熟。在青春发育期后，少年儿童的心脏重量增长至出生时的 12 ~ 14 倍，心脏密度也在青春期成倍地增长，肺活量和肌肉力量也渐渐增强。

总之，经历青春发育期的成长加速，少年儿童的体型和面部特征发生了明显的变化，通过这一变化他们的体貌开始接近成人，在成长加速中各生理机能迅速增强，使他们的机能发育也开始走向成熟。

二、性的发育和成熟

生殖系统是人体各系统中发育成熟最晚的，它的成熟标

3

志着人体生理发育的完成。

1. 性器官的发育与第二性征的出现

一进入青春发育期，生殖器官的发育速度直线上升，女性主要表现为乳房隆起，体毛出现，骨盆变宽和臀部变大等；男性主要表现为出现胡须，喉结凸出和声音低沉，体毛明显等。第二性征的出现，使少年男女在体征上的差异突显出来。

2. 性机能的成熟

生殖系统发育成熟标志着人体生理发育的完成，性腺的发育成熟使女性出现月经，男性发生遗精。女性月经初潮的出现是少女身体发育即将成熟的标志，约发生在 10 ～ 16 岁之间，平均年龄为 13 岁，同时，卵巢也在发育过程中，一般到 18 岁卵巢发育也达到成熟水平。男性性成熟晚于女性，男性性腺睾丸一般在 13 岁左右开始迅速增长，初次遗精约出现在 12 ～ 18 岁之间，平均年龄为 14 ～ 15 岁。

第二节　心理发展的矛盾性特点

青春期生理上的急剧变化冲击着心理的发展，使身心发展在这个阶段失去平衡。生理上的快速成熟使青少年产生成人感，心理发展的相对缓慢使他们仍处于半成熟状态。成人感和半成熟状态是青春期心理活动产生种种矛盾的根本原因。青春期心理活动的矛盾现象归纳为如下几个方面：

一、心理上的成人感与半成熟现状之间的矛盾

身体的急速成长，性机能的快速成熟使他们从心理上产生自己已经发育成熟的体验，认为自己已经是成人，这就是成人感。具有了成人感，认为自己的思想和行为就属于成人水平，应该被社会、环境和周围成人平等相待；有了成人感便要求与成人有相应的社会地位，渴望社会、学校和家长给予他们成人式的信任和尊重。由于心理发展速度相对缓慢，心理水平尚处于从幼稚向成熟发展的过渡阶段，实际上少年儿童的认知能力、思维方式、社会经验等都处于半成熟状态，于是就出现了自己认为的心理发展水平与现实的心理发展水平之间的矛盾，即成人感与半成熟状态的矛盾。这是发展中的矛盾，是人生的矛盾冲突，这是青春发育期的少年儿童不能回避的最基本的矛盾。

二、心理断乳与精神信赖之间的矛盾

成人感使他们的独立意识强烈起来，他们要求在精神生活方面摆脱成人，特别是父母的羁绊，而有自己独立自主的决定权；事实上，在面对许多复杂的矛盾和困惑时，他们依然希望得到成人在精神上的理解、支持和保护。

三、心理闭锁性与开放性之间的矛盾

青春期儿童出现心理的闭锁性，使他们往往会将自己的内心世界封闭起来，不向外袒露，主要是不向成人袒露，这是因为成人感和独立意识所致。另外的原因是这时的少年儿童认为成人不理解他们，而对成人产生不满和不信任，又增加其闭锁性的程度。但是，与此同时，少年儿童的诸多苦恼又使他们倍感孤独和寂寞，很希望与他人交流、沟通，并得到他人的理解。这种开放胸怀的愿望促使他们很愿意向同龄朋友推心置腹。其实他们也非常希望向自己认为可信赖的成人朋友袒露心声。

四、成就感与挫折感的交替

青春期儿童通常要表现成人式的果敢和能干。如获得成功或良好成绩，就会享受超越一般的优越感与成就感。如果遇到失利或失败就会产生自暴自弃的挫折感。这两种情绪体验常常交替出现，时而激情满怀，时而低沉沮丧。

第三节 青春期的社会性发展

一、自我意识的发展

进入青春期后，与身体迅速发育相比，心理发展还很滞后。

这种矛盾给初中学生带来了苦恼，使他们自觉或不自觉地将自己的思想从一直嬉戏于其中的客观世界中抽回了很大一部分，重新指向主观世界，使思想意识再一次进入自我，一系列关于"我"的问题开始反复萦绕于心，导致自我意识的第二次飞跃。具体表现在如下几个方面：

1. 强烈关注自己的外貌和体征

青春期自我认识的兴趣首先表现在关注自己身体形象上，强烈地渴望了解自己的体貌，如身高、胖瘦、体态、外貌等，并喜欢在镜中研究自己相貌、体态，注意服装品味、仪表风度，注意别人对自己打扮的反应，甚至会因为某些不甚令人满意的外貌特点产生极度焦虑。成熟速度（早熟或晚熟）也容易影响他们对自我形象的认识。

2. 深切重视自己的学习能力和学业成绩

中学生的学习能力和学业成绩一直影响着他们对自己能力的判断和在群体中社会地位以及自尊等情感的认识，并逐渐影响着对自我的评价。

3. 十分关心自己的人格特征和情绪特征

青春期对自我的认识还表现在对自己的人格特征与自我情绪情感的过分关注上，他们把自己想象为"独特的自我"，把周围人视为"假想的观众"，似乎这些假想的观众随时随地都在关注、观察着自己这一独特的自我。常常主观上把自己的自我欣赏、自感不足等都投射到周围人身上。这种过分夸大自己的感受和体验现象是带有强烈主观色彩的自我中心倾向。

二、情绪变化特点

1. 不能自我控制的情绪波动

青春期少年的情绪表现，有时相当激烈、粗暴甚至失控，有人用"疾风暴雨"来形容，人们认为很平常的是是非非，在他们那里却引发出高强度的反应。有时他们的情绪高涨、热情洋溢，有时又会消极低落、孤独压抑。这些烦恼和激情是他们自己难以控制的。如果消极情绪转化为心境，会使他们长期处于焦虑的情绪背景之中。在这种心境和情绪背景的条件下，遇到不满之事，遇到挫折或对抗，很容易情绪爆发，尤其是在父母面前更容易失控。虽然在平静下来时也会感到后悔，但又常会复发。作为父母要善于体谅他们的情绪状态，体谅他们的困境，不要"硬碰硬"，要善于因势利导帮助他们渡过难关。

2. 青春期躁动

随着第二性征和性功能的发展，出现性好奇和接近异性的欲望。又由于环境和舆论的限制，这种朦胧的好奇心和欲望不得不被压抑，使青少年往往处于莫名的烦躁与不安之中。这是青春期的另一个突出的困扰。他们要面临性骚动带来的欲望，又要面对压抑，还要在他人面前进行掩饰。如果在与异性的关系中某种行为受到指责和非议，他们还要经受压力。因此，常常经受烦恼和烦躁。在家庭中常因为这类事情而发生矛盾或严重冲突，乃至引发离家出走的事件等。

三、第二反抗期

儿童在反抗期中的反抗，主要是指儿童对父母的信赖与自主之间的纠葛，以及由于意见对立而产生的子女与父母之间的矛盾冲突。这种状态的延续就是反抗期。三四岁幼儿处于第一反抗期，初中少年（由于发展的不平衡，也可以提前在小学高年级，或延迟到高中初期发生）进入第二反抗期。第一反抗期的独立自主要求，主要在于争取自我主张和活动与行为动作的自主性与自由权；第二反抗期的独立自主要求则是全面性的，从外部因素深入到内在因素，从行为表现到要求人格的独立。

第二反抗期的主要表现形式：

1. 硬抵抗。表现为态度强硬，举止粗暴。

2. 软抵抗。表现为漠不关心，冷淡相对。

3. 反抗的迁移。有时也迁怒于其他成人。

四、人际关系的发展

1. 同伴关系

小学五六年级是同伴关系依从性的高峰期，即团伙现象，表现为六七个儿童经常在一起交往和游戏。孩子进入青春期以后，开始需要有一个能够倾吐烦恼并能保守秘密的地方，这样，原先的团伙已经不能满足这种需要了，交友范围开始缩小，初中生最要好的朋友一般只有一两个，而且是同性别。选择朋友的标准包括：①志趣相同；②烦恼相同；③性格相近；④能相互理解。进入青春期以后，男女同学之间的关系也发生了变化，表现出先疏远、后接近的行为模式。在幼儿期和童年期，儿童之间的交往一般是不分性别的而处于青春期的学生，随着性意识的觉醒，开始对对方逐渐产生了兴趣。刚开始时，他们对于异性的兴趣却是以一种相反的方式来表达，表示出漠不关心、轻视对方甚至以一种不友好的方式攻击对方。到初中后期，男女生之间逐渐开始融洽相处，但一般都不将对对方的情感表露出来，多数都成为一个人永久的秘密。

2. 与父母关系的变化特点

青春期儿童通过反抗期走向自主自立。进入初中以后，以父母为榜样的态度不再继续，代之为看到父母也有很多缺点，对父母的信赖减少了，而反抗性情绪却增加了。同时由于自身洞察力与对他人认识能力的发展，能够从人的整体人格对父母的优缺点进行全面地评价，认为父母虽有缺点，但应受到尊敬。

3. 与教师关系的变化特点

在小学儿童的心目中，教师还有着权威的地位。但到了初中阶段，随着认识能力的提高，学生不再盲目接受一位教师，他们开始对老师品头论足。初中生所喜爱的老师一般具有以下特点：热情和蔼、关心学生、知识渊博、讲课风趣等。对所喜爱的教师所讲授的科目，他们会努力地学习；而自己不喜欢的教师所讲授的科目则持排斥态度。

第二章
青少年学习问题分析

每一个儿童都是带着好好学习的愿望来上学的，这种愿望像一颗耀眼的火星，照亮儿童所关切和操心的情感世界。

—苏霍姆林斯基

前一章我们已经提到，青少年期主要包括初中期和高中期，在这个阶段孩子的主要任务就是学习。特别是近些年来，随着高考扩招、大学生就业困难，社会对高学历、高素质人才的需求，经济的市场化、商业化运作，各种新鲜思潮的涌现等原因，在校的中学生，特别是生活在大都市里的中学生们，每天都在接触着纷繁复杂的社会、文化信息，使他们的思想更加的多元化和自由化，同时也意味着干扰他们学习与生活的因素也是多元化、复杂化的。以下就是引发青少年学习问题的几大主要因素。

第一节　学习类因素

进入中学，尤其是升入高中后，很多同学都感到学习内容明显难了，学习时间明显长了，用了很多心思在学习上，可考试成绩却没有以前好了，甚至还退步了。焦急、沮丧，很多负面情绪也随之而来，学生自己着急家长也跟着着急。其实，干着急是没用的，只有认真查找自己的问题，踏实地解决问题，才能事半功倍。在此，作者为同学们总结了中学生的六大学习问题，并列出了相应对策，希望能对家长有所启迪。

一、知识体系零散，基础知识不扎实，阶段考试成绩飘忽不定

1. 现象

对有些知识点概念理解不清，习题处理有困难。在后续课程中涉及到此类知识点的相关知识会产生连锁反应，造成进一步的学习困难。

2. 后果

这种现象持续下去，问题由小变大，久而久之，就会形成恶性循环，使得学生对学习产生畏难情绪，导致学习成绩下降。

3. 对策

求教于教师。让教师给自己分析一下造成自己学习困难的原因和关键点。这里首推自己的任课教师。因为对你任何一个学科的学习，你的任课教师是最了解优劣所在的人，也是指点你解决学习困难的一个关键。如果你和任课教师的沟通有障碍，还可以求教其他的相关学科教师。

制订解决方案。请老师帮助自己制订好一个有针对性的学习计划，包括时间计划、学习内容和形式，等等。因为中学生已经经过了多年的学习过程，有些问题累积得过多，需要系统地来解决，不能只是头痛医头，脚痛医脚，那样只是

解决了表面问题，真到综合训练和考试的时候，问题依然存在。

下定决心。努力实施。解决自己沉积的问题，如同慢火熬药，不是一朝一夕的事情，需要有恒心、耐心。一定要付出多于其他人的功夫。切忌耍小聪明，敷衍了事。有些同学的自我管理能力可能比较弱，这时候就需要请求家长、老师来帮助自己，监督自己对学习方案的完成情况。注意，因为问题是自己的，家长和老师是来帮助自己的，所以无论在何种情况下，自己一定要保持良好的心态，这样才能让自己克服困难，解决问题。

二、平时的作业题都会做，但考试总是考不了高分

1. 现象

老师在每节课后留的作业都能比较顺利地完成，正确率也比较高，可是一到期中、期末考试的时候，分数就不理想了，平时会做的题也做错了，稍微综合一点的题目也不能拿满分。

2. 后果

使同学们的自信心下降，怀疑自己的能力，考试就底气不足，做题犹豫不决，耽误宝贵的考试时间，成绩下降。

3. 对策

平常的课后作业、练习的目的是用来巩固、加强所学知

识点，并检测对所学知识点的掌握情况，一般多为专用知识点练习题目，综合性不是很强。期中、期末考试是上阶段检测性考试，是综合考察同学们对本阶段知识点的掌握情况，因为篇幅和时间的问题，所以在设计考试题目的时候，往往会在每种题型中安排一些知识点综合类题目，以考察同学们对所学知识的运用能力。同学们出现这种问题，应该肯定你达到了学习的基本要求，对基本知识点达到了理解掌握的层次，但是对该知识点还没有达到综合运用层次，对多个知识点之间的关系没有能够形成知识系统。要解决这个问题，应该在学习知识点完成课后作业的同时，参考相关知识。同时，同学们也可以利用互帮互学来看看其他同学在某些知识点上都在注意什么、学习什么，等等。同学们在完成一个题目练习后，如果能分析这个题目的设计思想，那么在今后遇到相关问题的时候，就会比较熟练。

另外，同学们在平时完成作业的时候，一定要注意时间的控制，不要有拖拉的毛病。因为考试的时候是在有限的时间内独立完成，气氛、心态都和平时有所不同。如果大家平时以考试的状态对待日常作业，那么在考试的时候就会比较从容自如，更好地把握每一道考试题。

三、考试前不知道该怎么复习，复习什么

1. 现象

每次到考试前复习的时候，看着自己的课本或笔记，感觉无从下手，不知道哪些该看、该记、该练，浪费了时间，也影响了心情。

2. 后果

因为没能进行充分的准备，盲目应考，总会给自己造成遗憾。

3. 对策

对待每一次的考试，都要认真分析考试目的和重点。期中、期末考试属于阶段检测性考试，目的是用来检测同学们对本阶段所学知识点的掌握情况。所以对于期中、期末考试一方面要梳理自己所学知识点掌握的情况、重难点在哪里、典型题目、以往试卷，等等。以课本目录为线索，就能把本阶段知识点、重点、难点、典型题目、自己的问题找出来，做到有的放矢，就容易把握复习要点了。凡是自己记不起来的、模糊的，一定是自己掌握不好的，需要在考前下功夫去复习的内容。

四、平时见了老师也没有什么问题问，可是老师问的问题总是不会答

1. 现象

平时见了老师也没有什么问题问，可是老师问的问题总是不会答，自己总感觉没有什么问题。可是看到其他同学问的问题，自己也不明白。

2. 后果

容易造成对知识点理解不够，掌握不好，为后续相关问题的学习造成隐患。

3. 对策

造成这种情况的主要原因是对知识点学习得不够认真。在同一个课堂上听课，因为自己的走神，可能会漏听很多信息。这样，对这个知识点的学习就会产生一知半解的情况，好像知道，又不全知道。所以要解决这个问题，首先要让自己在课堂上认真听讲，不仅捕捉老师关于知识点的关键信息，而且要积极开动脑筋，跟上老师的节奏。这样就能保证自己能真正地学会本节课的内容。

有的同学是真的有问题要问，但是因为某些情况：比如面子啊、时间啊，等等，不好意思问老师，或者没能来得及

问老师，把问题给耽搁了。这时候同学们一定要明白，无论是看起来严厉的老师还是有个性的老师，都不会厌恶好问的同学。问老师问题相当于给自己一个进步的机会，所以同学们一定抓紧一切让自己进步的时间和机会。同学们还可以解答一些其他同学提的问题，能给别人讲清楚问题，自己一定是掌握的，这对于提升同学们的能力来说，也是一个机会。

五、总觉得老师留的作业太多，总是完不成作业

1. 现象

每天作业写到很晚的时间，或者丢三落四，总是被课代表、老师追得团团转，既影响了身体健康，也不能保证学习质量。

2. 后果

身心疲惫，磨蹭拖延，不到万不得已的时候根本不着急。

3. 对策

课后作业内容和数量是根据教学内容的要求去设置的。大部分老师是考虑同学们的。有些同学对待作业的习惯不好，总是认为作业一定要有大块的时间去做，比如自习课或者回家后再做作业。其实做作业是要有技巧的。首先要做个计划，分析自己今天的作业按学科分都有哪些，有多少类，按照自己的情况，大致会用多少时间可以完成，等等。其次，要提高效率。对于不同类别的作业，利用不同的时间来处理，比

如背诵、听写类的可以安排在课间和同学一起进行；朗读可以在早晨进行等。最后，要杜绝一些不好的习惯，比如看电视写作业、听音乐写作业，等等。不要因为这项作业老师可能不检查自己就偷偷不做了。这样吃亏的只能是你自己。如果因为某种情况实在不能完成今天的作业，一定要请家长给老师作出解释，不能为了赶作业而影响睡眠，这样得不偿失。

六、上课时不能够专心听讲，总是走神

1. 现象

课堂开始还能跟着老师走，可是听着听着就不知道老师在说什么了，思路就跑到其他事情上去了。

2. 后果

不能掌握知识点，后患无穷。

3. 对策

上课走神有几种情况。一是被一些突发事件所干扰。比如窗外忽然有什么事情发生了，有个什么突然的响动，自己的思路偏了就回不来了。二是因为课间和同学们讨论的事情一直放不下，自己的思路还一直处在课间讨论的兴奋状态。三是因为对课堂内容不感兴趣，主动走神。四是因为视力问题，因为看不清黑板而降低对课堂注意力。但是，无论任何情况，课堂上不能专心听讲，是造成学习成绩下降的一个主要原因。

解决的办法也有几种，客观上学校教室要保持安静，不容易被外界干扰。任课教师提高授课效果和效率，声音洪亮、板书清晰、方式新颖，使同学们的注意力放在课堂教学上。同学自身也应该注意避免课间的强烈运动和玩笑、避免过多地参与与自身无关的事情中去。上课的时候，也可以通过记笔记的方式来强迫自己跟随老师的节奏走。

第二节　心理类因素

造成学生学习问题的因素除了以上所说的纯学习技术因素外，还有诸多的心理因素的影响。这是因为青春期是人的一生中非常重要的一个阶段，也是最容易出现心理问题的阶段，由于生理发展的飞跃与心理发展的相对滞后导致了很多的心理矛盾与冲突，不仅影响到他们的身心健康，同时，也影响到了他们在这个阶段上最主要的社会活动，即学习。以下就是作者总结出的影响中学生学习的几大心理类因素。

一、厌学

厌学已经成为现代中学生学习活动中最为突出、最为普遍的问题之一，而且呈现着一种叫人忧虑的现象：不仅成绩不佳的学生厌学，成绩好的学生也普遍存在厌学情绪。那么厌学到底是怎么回事呢？

厌学可分为意志性厌学和非意志性厌学

意志性厌学行为：是指由于受本人思想支配的原因而导致的自觉的有目的的厌学、弃学或其它抗拒学习的行为。例如某些学生受到现今社会上一些不良思潮（如学习无用论和拜金主义）的影响，认为学习就是为了将来能够赚钱，有了钱什么都会有，所以与其天天在学校里面苦苦地学习，不如趁早离开学校走入社会赚钱来得实在。这种情况就是意志性的厌学行为，不存在什么心理冲突，因为认为学习无用，才选择不学习，这种情况往往解决起来相对容易些，因为我们只要通过思想教育纠正学生的错误认知就可以了。

非意志性厌学：相对于意志性厌学，非意志性厌学行为出现的频率更高，影响更严重，解决起来也棘手。所谓非意志性的也可以通俗地说，它是一种学生本人不愿意那样，却又心不由己、身不由己的行为或表现。具有非意志性厌学行为的学生在思想上都能够意识到自己当前努力学习与自己未来前途、命运等方面的关系。例如有一位女同学天天发愁，因为她知道家里经济并不是很宽裕，父母却不惜省吃俭用供她来私立中学学习。她非常清楚，她唯一能够报答父母的，就是努力学习并取得好的成绩。可是，她无论如何也做不到这一点。她的理科成绩总是上不去，她把学习好理科的决心用刀刻在桌子上，却还是一上理科课就睡觉。她为了克服上课时的低落情绪、困倦，不惜掐痛自己的手臂，有时甚至连胳膊都掐破了，以便尽可能地坚持学习下去……她天天在努力，天天不见效。于是，她悲观失望，常有自杀和离家出走的念头。通过这样一个案例我们可以看到，这个学生的一切努力都是为了能够学习下去进行的意志努力行为；而她的厌学反应就是顽固地与她的意志努力对抗，换句话说，就是她每天都在强迫着、逼迫着自己学习，这种情况如果不能被早期发现和及时控制，不但会导致学习成绩下降，还影响到自尊心、自信心和在师长心目中的信任及地位，进而又导致其人格发展上的种种危机；接下来这种人格危机又会影响其对功课学习所进行的努力和取得的成绩。这将会是一种恶性螺旋式增长关系。所以非意志性的厌学行为必须引起家长、老师、心理辅导员的重视，给予及早发现、及早介入、及早疏导甚至治疗。

二、考试焦虑

在中学生学习过程中，不可避免地会面临着许多次各种各样的考试，小到平时经常进行的测验、考查，大到事关他们升学与择业的中考、高考。考试是竞争，是知识与能力的较量，也是心理素质的考验。诚如英国教育家德·朗特里所言："考试是一种测评考生素质的活动。"作为一种复杂的智力活动，它需要有良好的情绪和健康的心理。然而在现实中，过度的考试焦虑却常常困扰着广大中学生。据有关学者调查，我国 49.9% 的中学生有中、重度考试焦虑。那么考试焦虑到底是怎么回事呢？

考试焦虑是中小学生常见的一种心理问题，它是指在一定的应试情景激发下，受个体认识评价能力、人格倾向与其他身心因素所制约，以担忧为基本特征，以防御或逃避为行为方式，通过不同程度的反应所表现出来的一种心理状态。考试焦虑主要体现在以下几方面：（1）自我认识方面，产生一些消极的自我评价，担心考试成绩不理想；（2）生理方面，具体表现为：心率加快、呼吸加剧，肠胃不适，多汗尿频等与植物性神经活动失调有关的身体症状；（3）行为与情绪表现，根据每个人的性格特点的不同而有不同的表现形式，这三个方面的表现常常交织在一起。因此，考试焦虑的外在表现是一种非常复杂的现象。

考试焦虑的产生是诸种因素相互作用的结果，既有与学生生活、学习密切相关的外部客观环境的影响，也有与学生个体相关的内部主观因素的影响。

1. 外部客观环境的影响

1）社会因素

社会各行各业对高学历、高素质人才的需求与现行的"一考定终身"的考试制度，人为地加大了中学生对考试的期望值，一种无形的忧虑和恐慌控制着他们，形成严重的考试焦虑。

2）家庭因素

家长家教方法不当，或对子女的期望值过高，"望子成龙""望女成凤"的心理使他们对子女的要求过分急迫与严厉，把对子女的期望过多地集中在一次又一次的考试，加重学生的焦虑程度。

3）学校因素

一些学校在片面追求升学率，划分好差班，不断进行各种各样的考试，实行年级和班级排名，使得学生的心理整天处于高度紧张的状态中，产生严重的考试焦虑。

2. 学生个体内部因素的影响

1）生理因素

有的学生在学习中或考试前不注意运用正确的学习方法和应试方法，成天死记硬背，日夜挑灯夜战，使考生过度疲劳，导致出现头晕目眩、心悸心慌、面色苍白、不思饮食等不良现象。情绪方面产生诸如胆怯孤僻、脾气暴躁等不同表现形式的情绪障碍。

2）心理因素

首先，某些学生由于应试准备不充分，基础知识不扎实而导致自信心不足，一旦遇到考题与自己准备的不相符，就难免会手足无措，导致高度考试焦虑。其次，部分学生不能正确认知评价自己，把学习考试成绩看得过重，担心辜负父母、老师的期望，受到别人的嘲讽等因素都是学生学习、考试焦虑产生的诱因。

第三节　社会类因素

一、早恋

处于青春期的中学生，性的躁动、爱的萌发，已经成为他们生理和心理上的一种特征。在初中一二年级就已经有超过25%的学生开始注意异性同学，并在异性交往中获得一种"说不清的愉快"，甚至有近15%的学生从小学高年级就开始注意异性同学。然而，恰恰是这种性的躁动、爱的萌发，又和中学生的学习任务发生着冲突，直接或间接地干扰着学习。近些年来，由于不良影视书刊的影响，校园"早恋"族颇有扩大的趋势，"早恋"已经成为干扰中学生学习的主要因素之一。"早恋"给中学生带来的多是烦恼，他们在享受了"早恋"愉悦的同时，也渐渐发现自己的学习成绩在下降，课上不能专心听讲，课下不能集中精力完成作业，由此产生的负面效应递加性地干扰着学习，使他们陷入苦恼的深渊。

中学生的性爱心理是单纯的、脆弱的，极容易受到伤害，无论是来自内心的搅扰，还是来自外界的刺激，都会弄得他们不知所措、痛苦不堪。的确，当感受了"早恋"的亢奋后，中学生就再也不能"割舍这段感情"了，尽管有时家长、教师施以很大的压力，但也挥不去驻留在他们内心的"身影"，倒把他们推进欲罢不能的痛苦中。总之，青春期"早恋"是中学生学习上一个迷人的克星，也反映了中学时段，中学生性爱渴求和知识渴求的矛盾冲突。在攫取知识的黄金时段，中学生不应该过早地放纵自己的性爱，而应该全身心地为未来的事业夯实基础。那么我们作为成年人应该怎样来正确的引导孩子与异性同学交往呢？以下是作者提出的异性青少年交往的三宜三不宜。

1. 宜泛不宜专

青少年中异性同学的广泛交往，对他们自身的学习、思想都有促进和帮助，也有利于情绪的振奋。而异性同学之间长期的专一交往，言谈由浅入深，由一般到特殊，这样会由本来正常的同学交往发展为"一日不见，如隔三秋"的相恋。广泛的异性交往则能避免他们双双陷入早恋的误区。

2. 宜短不宜长

青少年中两个异性同学的交往时间不宜过长。有的从初中到高中一直形影不离，长此下去，从相聚到相恋就难以避免了。如果在与异性同学的交往中注意接触时间短些，范围广些，从而可以了解各种禀赋、气质的异性同学，这会使人有更多的受益。

3. 宜疏不宜堵

异性同学间的交往是正常现象，但一定不要一门心思地钻在里面。男女同学有性别之差，人的一些潜意识往往在与异性的交往中被发掘出来。过于频繁地与异性交往会唤起人的热情，激起人的冲动。所以男女同学的交往频率要低一些，这样有利于孩子的健康成长。

由于青少年性意识的觉醒，他们对异性产生好奇、关心、爱慕和愿意接近的心理与行为，都属于正常现象，家长不必大惊小怪或进行粗暴干涉。但也应该提醒正处于青少年时期的孩子：友情姓"友"，是朋友之间的友好交往；爱情姓"爱"，是自己和所爱者之间的心心相印。并进一步告诉孩子，当你感到对方具有强烈的吸引力，产生愿意和对方在一起的热望时，就应该引起注意，千万别越出友谊的界限，跨入早恋的误区。

二、网瘾

中学生长期迷恋网络游戏严重影响身心健康，亦已成为一种社会性公害。究其原因，有家庭、社会等环境的影响，也有中学生自身心理和生理因素。

中学生身心发育尚不成熟是导致上网成瘾的主观原因。他们自控能力欠缺，一旦上网往往可能被网上光怪陆离且层出不穷的新游戏、新技术和新信息"网住"。他们的认知能力有限，面对网上新奇、刺激的信息极易受其诱惑。"这个年龄段的孩子自我意识强烈。在网络上人人平等，在匿名的保护下可以畅所欲言，而且观点越新、奇、特，可能得到的反响越大、回应越多。"网络成为中学生心目中展现自我的最好平台。而中学生可能身处的不利环境是导致上网成瘾的客观原因，毕竟现在社会网络高度发达，智能设备随处可见。家庭环境上，当前我国中学生多属独生子女，且城镇居民以楼房式独门独户的家居结构为主，这在某种程度上不利于身为独生子女的中学生与同龄伙伴交流。在工作生活压力较大的今天，他们的父母极有可能因忙于工作和生计而忽略了与子女的情感沟通。那么在现实生活中缺少情感交流的中学生，便会在网络中寻找可归依的群体，迷恋于网上的互动生活。在电子信息时代的大环境下，电脑和网络成为青少年不可或缺的学习工具，但缺乏有效引导的中学生更多的是把电脑和网络当成一种娱乐工具。中学生的学习压力较大，很多患上网瘾的孩子都这样说："学习上经常遭受挫折，又得不到家人、老师和同学的理解。为宣泄心中的苦闷，逃避不愿面对的现实，往往在网上寻求安慰、刺激和快乐。"那么作为家长，应该怎样帮助孩子摆脱网络的缠绕呢？以下是作者为您总结出来的几点建议，希望能够给您带去些帮助。

1. 家长必须改变原来一味地打骂埋怨或者放纵溺爱的传统做法

家长应该定期与孩子交流、创造有利于孩子的成长环境、满足孩子正常的人际交往、游戏等方面的需求。家长们要更新观念，提高对网络时代的认识，不能因网吧出了几起事故就谈网色变，不让孩子上网。

2. 家长要学会上网

家长不懂网络，就不能正确引导孩子上网、督促孩子健康上网。应该注意发现孩子上网中碰到的问题，在上网过程中及时与其交流，一起制定有利的措施。同时家长还可以在电脑上设置防火墙，防止孩子受到不良文化和信息的影响。

3. 家长要善用网络，当好孩子的引路人

家长要引导孩子选择有利于他们成才的健康网站。

4. 家长要适时监督，把握孩子在家上网或去网吧的质、量、度

孩子自制力差，综合判断能力较弱，父母要适时提醒，适当督促孩子上网有度，并郑重告诉孩子不要光顾色情网站。

5.家长要掌握一定的心理学治疗知识

很多家长面对子女网络成瘾，往往是苦口婆心地劝说、哭诉，最终又束手无策。正确的做法应该是正确面对，并用适当方法去改变孩子，转移孩子的兴趣，帮助他们走出网络成瘾这个迷阵。

6.家长要善于"弹性说服"

家长要么一味溺爱、放纵，最终导致孩子性格不成熟，独立处理问题能力差，使孩子不能合理应对外界事物；要么对孩子严加看管，甚至将其关在家里，不能出门。一旦孩子网络成瘾，便恨得咬牙切齿，恨不得将孩子一棍子打死。这些对孩子的错误教育方式，都是导致网络成瘾的高危因素。事实上，对孩子施行正确的家庭教育，是改变网络成瘾问题的关键。善于"弹性说服"，要设身处地为孩子着想，了解孩子的需要，切忌危言耸听。

7.家长要关心孩子

家长要鼓励孩子的长处，必要时可暗示其不足之处；让孩子独立承担家务劳动，并长期坚持；经常与孩子共同完成其力所能及的工作；遇事征求孩子的意见，并采纳合理的建议；关心孩子的身心健康，及时协助孩子调整负性的心理状态。

8.间接转移孩子的注意力

可以带孩子出去旅游，既能开拓孩子的眼界，又能锻炼动手能力、交际能力。

9. 家长在社区中，还可以联合其他家庭，在小区中营造健康的文化交流环境

在学校不能控制的业余时间，可在社区的帮助下，组织孩子搞些有益的网络竞赛，宣传网络技能，通过家庭的比赛和交流，引导孩子怎样正常使用网络。

第三章
中学生亲子教育

谁爱孩子，孩子就爱他，只有爱孩子的人，他才能教育孩子。父母教育孩子的过程，也是自身不断感悟和学习的过程。

—捷尔任斯基

一百个人有一百种家庭教育方式，我们的祖先都是在一家一户各自独立的状态下被教育长大的，我们发现很多个体的方法和经验不能普遍适用，我们必须找到适合大多数家庭的，具有规律性的东西，才能为大众所遵循。如果家长在孩子心中建立起绝对的责任感，孩子相信家长无条件地爱着自己，相信家长所有批评、表扬的出发点是为了自己好，如果孩子在潜意识里对此完全相信，那么这种关系是良性的，是互相关爱、相互支持、相互理解的稳定关系。在这种情况下，教育孩子就变成最简单的事情，用苏联大教育家苏霍姆林斯基的话说就是"伴随孩子成长"。但是，现实生活中大部分人的亲子关系是不稳定的，或者说是扭曲的，孩子并不能真正信任家长。

第一节　家长究竟要在孩子身上完成什么任务

有太多的家长把注意力集中在孩子的学习上，其实那主要是学校的事。有很多家长为学校应做的事忙个不停，比如帮孩子记作业，检查孩子作业，监督孩子学习而到头来劳而无功、事倍功半。我认为我们很多家长都是"不务正业者"，我们是种了别人家的地，荒了自己家的田。没有把自己该做的事做好。作为家长，我们要完成的任务是培养孩子的自尊心、自信心、责任心、主动进取精神、学习兴趣和好习惯。这是孩子成长的六大核心软件，如果这些没有处理好，孩子是注定要出问题的。

一、第一个精神软件是"自尊心"

当孩子开始尊重自己，把自己当作和别人一样的人来尊重的时候，孩子的主体人格就建立起来。自尊心是孩子精神人格的脊梁。如果孩子没有建立起自尊心，他就不会在意别人怎么看他，他就不懂如何去看别人的眼神，他就不会去研究人群的行为规则，他也就不会寻求别人的尊重和认可，由此也就没有了上进心。这时通过批评来教育孩子是没有意义的，因为他不在乎你的看法，你的批评对他不起作用。没有自尊心的孩子不会主动参与群体活动，不尊重别人，也不尊重自己，没有在群体中出类拔萃的愿望。应该说，自尊心是孩子的生命之火，是孩子成长的原点。自尊心没有建立起来，就等于孩子的生命之火没有点燃，因此他不会有成长的动力。

建立孩子自尊心的最好方法是尊重孩子，把孩子当作是和自己完全平等的人来对待，当父母尊重孩子的时候，孩子开始尊重自己，进而他会尊重别人，这样他的"人化"过程才能启动。建立孩子自尊心的另一个重要方法是要无条件地爱孩子。当父母无条件地爱孩子的时候，孩子的自我价值会上升，他开始感觉自己很好，进而会产生寻求更好的动力。

二、第二个精神软件是"自信心"

培养孩子的自信心对家长来说，不能说是一辈子的任务，至少是孩子 25 岁以前的任务。孩子在离开家长以前，家长要像爱护眼睛一样爱护孩子的自信心。自信心是一种动态的过程，就是说一个人不能一劳永逸地永远有自信心，他必须每时每刻地培养自己的自信心。自信心是一个人去做事时的主观心理状态，有自信心的人可以发挥自己的能力甚至调动潜能，把事情做成功。打个比方，自信心就相当于电脑进入主运算程序的前置性程序。一个孩子如果没有自信心，当他面对一个习题时，他的大脑进入的是一个系统，启动的程序是如何来解释"为什么我没做对这道题，我为什么不行"。而有自信心时，他会直接进入主运算程序，他的大脑的注意力的焦点会集中在解题的方法上，经过一段时间的思考可以把问题做出来。所以自信心是一个孩子能否做事，能否把事情做对的核心的心理程序。诚然，自信心不是我们大家理解的挺胸抬头那么简单，他是人们做事时的心理程序。一个自信的中学生，他面对试题时，大脑会深入到试题的内部去寻找条件和结果间的因果关系，把题做对；一个没有自信的孩子，看到题马上会停留在题的表面，感受问题带来的压力和焦躁情绪，然后会想："这题怎么这么难？老师为什么会出这题？我不会做我妈会怎么批我？"结果 20 分钟过去了，他根本没做题而在想别的东西和感受痛苦。最后他会得出结论：你看我学不好吧，我还是不行。

三、第三个精神软件是"责任心"

责任心是一个孩子意识到自己和其他人的相互关系时产生的主观心理状态。当一个人的行为与其他人的痛苦、快乐产生因果联系，自己对这种联系很看重的时候，就产生责任心。一个孩子在课堂上讲话影响其他人，如果他有责任心就不会讲话了。责任心分为对内的和对外的责任心。对外的责任心比如对家庭、对他人、对社会的。我们要讲的是孩子对自己的责任心，我们太多的家长没有在孩子心中建立起责任心，没能使孩子对自己的行为负责任，而是由家长来看管，来强迫。这样，等于孩子对人生的责任由家长承担了，家长当警察，孩子成了小偷，我们不断地在后面监督。如果孩子建立起对自己负责的责任心，我们家长的监督职能就可以解除了。一个没有建立起责任心的孩子是断然不能去积极进取的，孩子会变得被动，家长推一下他就动一下，不推就不动。

四、第四个精神软件是"主动进取精神"

如果孩子自己要成长，自己要学习，那么教育孩子就是太简单的一件事了。前苏联教育家苏霍姆林斯基认为，学习是一种脑力劳动，而脑力劳动的特点是，劳动者必须处于主动的学习状态才能学习好。如果没有主动进取精神，孩子是无法学习好的。在市场经济条件下，如果我们没有培养孩子的主动进取精神，那么孩子将来是不可能成功的。没有主动进取精神，就意味着一个孩子对人生没兴趣，对人生没兴趣，整个人就会萎靡不振，那么这个孩子在精神上是匮乏的。

五、第五个精神软件是"学习兴趣"

我在大学时读过苏联教育家写的《学习兴趣》一书，读完之后豁然开朗。里面的基本理念是说，兴趣是学来的，不是天生的。所谓兴趣是当孩子在做这种行为的时候，他能感受到快乐，不用意志力逼自己去做，形成条件反射叫兴趣。如果孩子在大脑神经系统中，做一个学科的功课会产生条件反射的快乐，学习兴趣就产生了。这种行为习惯是培养出来的，孩子第一次做这种行为是不会有什么快乐的，但反复的行为会使孩子条件反射地把事情做对。再由于家长的表扬、鼓励，孩子找到了快乐，时间长了，就会形成自动反应。每次行动孩子都能找到胜负自如的感觉。此时，所谓兴趣就产生了。我们有太多的家长认为学习好的孩子最有意志力，其实学习出类拔萃的孩子绝对不是靠意志力学习的。孩子晚上看书到一两点钟，是因为有兴趣看书，不想睡觉，也不觉得累。如果凭意志力，是断然做不到的！因此我们得出结论，对于孩子来说要想学习好，学习兴趣是第一位的，而学习兴趣的培养是需要家长从小就对孩子进行引导的。

六、第六个精神软件是"好习惯"

习惯即不用意志力就能做出的自动反应。好习惯是一个人成功的快车道。真正以学习为主的人，比如很多优秀的硕士、博士研究生，教授，没有一人是靠意志力来学习的。这些人都是因为学习产生快乐才会没日没夜地学，后来就成了习惯。一个人的习惯决定了他日常的行为，而这些日常的行为就决定了他的成就。

总结上述观点，我们家长的任务就是要在孩子的大脑中嵌入这些精神软件。家长好比程序录入员，孩子像刚出厂的计算机，需要在硬盘中输入一个个常用的、规范化的程序，才能保证计算机正常使用。孩子只有成为独立的人才能够在社会上独立行走！

第二节　用什么工具雕塑我们的孩子

一、第一个工具是"无条件的爱"

作为父母爱孩子是我们的天性，但是有意识地爱孩子，是培养孩子最重要的一种方法，当一个孩子能感觉到在无条件地被爱着的时候，他的安全感会大增，自己会尊重自己，进而会尊重别人。在他的心灵中会感受到自我价值的产生，即自我价值开始萌芽。而无条件地爱孩子，是培养孩子安全感和勇气最重要的方法。

二、第二个工具是"鼓励"

美国一个大教育家说过一句非常偏激的话："在教育孩子的问题上，我不知道除了鼓励还有什么别的方法！"我认为这句话当中 80% 的成分是真理。教育孩子，鼓励是每天要做的事情。告诉你的孩子："没问题，爸爸相信你！"你要每天不断地巩固。可是大多数家长恰恰相反——"你就是不行，谁家的孩子都比你强得多"这些家长仿佛是专门来为孩子泄气的，久而久之，孩子就会变得麻木，越变越无能。每位家长都应牢记：孩子的自信和勇气是被鼓励出来的，而鼓励是需要每天做的事情！

三、第三个工具是"表扬"

表扬是对孩子的正确行为、取得成绩的时候给他加油的核心方法。当孩子的一个行为做对了，我们及时的表扬才能使孩子的行为固定下来，鼓励他下次重复该行为，所以表扬是家长经常要做的行为。孩子每天、每星期总会有优良的行为，或者取得小的成就，比如将用过的东西放回原处，家长应及时地表扬，表扬会把行为固定下来。表扬是孩子生命成长的阳光，对于一个孩子来说，被表扬就意味着事情做对了，被认可了，他的自我价值会上升，自信会增强。

四、第四个工具是"确认"

一个行为是对的，还是错的孩子是不知道的，家长要告诉孩子哪些是对的，哪些是错的。这里不带有任何表扬和批评，家长要客观地帮孩子培养价值观。所以，家长要知道孩子是不会自动知道哪些是对的，哪些是错的，这些都是学来的，是我们家长不断灌输的结果。比如美国双子大厦被炸，我女儿所在的班级产生了争论。她回家跟我讲时说："爸，要把我吓死了！"我说："怎么了？"她说："今天我们老师让同学们讨论一下世贸中心该不该被撞？"我们班男生一起喊"该撞。"然后，老师说"我觉得也该撞。"我们班有个女生站起来说："老师，我认为不该撞，里面有那么多无辜的人，这是针对政府的行为，他们不该伤害无辜的平民！"我问女儿："你怎么认为的？"她说："太不应该撞了！"我告诉他："你是对的，恐怖分子是人类的敌人，伤害无辜的人，这是对生命的残害！"所以，我们家长要帮孩子分清是非善恶，树立正确的价值观。

五、第五个工具是"理解"

家长和孩子间的关系是平等的，我们必须从一开始就建立起这种牢不可破的观念：孩子从一生下来，他的人格就是和你一样平等的。你要把他当成和你一样的人来看待。在能力上，要考虑到孩子是待培养的，是需要你努力不断培养的小生命。我们很多家长恰好弄反了：人格上不能平等对待孩子，能力上却苛求孩子什么都会。家长要用理解这个工具走进孩子的心灵，而不是批评、苛责。假如说你有工作上的烦恼，来找我谈谈，我什么也不问，劈头盖脸把你一顿数落，你肯定觉得我有毛病，都没搞清是怎么回事就骂我一顿。可是我们很多家长对孩子却是不问缘由，开口就批。在理解这个问题上家长要把孩子当成平等的人来对待，不带任何的价值批判，单纯听孩子说他有什么理由。我请家长记住一句话："任何一个人做任何一个行为，在他自己看来都有绝对的理由！"孩子的行为在他自己看来，总有他自己的理由，只不过这些理由在成年人看来是不对的，或说是不成立的。如果你搞不清他的理由是什么，想改变他的缺点是行不通的。如果你们不能彼此倾听对方的心声，就无法搞清他行为的原因，这是一个方面。另一个方面是通过理解，还可以建立起孩子的自我尊重感，使他可以和别人心灵相通，感觉自己有能力沟通，感受彼此有能量流动，这样亲子关系就稳定了。

六、第六个工具是"陪伴"

孩子不是需要家长的钱，而是需要家长本身。我在大四时读了苏霍姆林斯基的《给儿子的信》，正是这本书引发了我对教育的思考，促使我对教育进行了这么多年的研究。有一句话很深刻，但在那时并没有完全理解。这句话很简单："人需要人！"它的意思是，一个人必须在人的环境下才能成长为完整意义的人，也就是他需要别人的存在，对他确认、理解、鼓励，最后他才能建立独立的人格。孩子在出生后，成长中处于一种孤立无援的状态，他就会孤独、无助、没有安全感，需要家长的陪伴。进而，他会渐渐产生恐惧感、无助感，也就没有办法成长。太多的家长因为自己事情太忙就用钱打发孩子，其实大错特错。假设在此时此刻，让孩子选择给他一百块钱还是父母用一小时来陪他了解他的生命，他可能会放弃选择一百块钱。这是因为，他自己还不知道他真实的需要，其实他的潜意识里更需要父母用一小时确认他的价值，伴随他成长！我们既要在主体资格上把孩子当成平等的人来对待，又要在思维方式上考虑到他的人格是待发育的、能力是待培养的，所以，他还不能完全理解我们的意思。这也是儿科医生难当的原因。孩子在很小的时候只是哭，不知道自己哪里不舒服，医生必须像兽医对待小动物那样去了解、去观察。孩子缺乏父母的爱，他自己并不清楚，更不会表达。

这就需要我们家长去体会、去陪伴孩子。通过陪伴了解孩子，通过陪伴消除孩子的恐惧感。

七、第七个工具是"批评"

这是应该非常小心慎用的工具。批评只是针对行为本身才可能起作用。使用这个工具的前提是：家长和孩子之间相互了解、相互支持、相互关爱、关系稳定。这样批评才能起作用。如果家长和孩子之间互相不理解、不信任，即使批评是正确的、是直指行为的、不损害人格的，孩子依然不接受，这时，批评只能起副作用。因此，尽量不用批评。

第三节　家庭教育真正的目的
——培养真正的人

我们有些家长脑海里，只是盯着上大学。我认为，大学无论如何都要上，这是没问题的。但是我是非常反对把上大学当作诱惑，我认为，培养孩子上大学、读硕士、读博士是必须做的。让孩子上大学不是目标大了，而是目标小了！上大学就相当于让孩子吃一顿糖三角一样。我打这个比方的背景是 70 年代到 80 年代初，《人民日报》做过一个调查，问一个农民能想到的最好生活是什么样的？农民想了半天说：

"我能想到的最好的生活就是每天让我吃糖三角！"有很多家长想让孩子上大学的心情和那个农民想吃糖三角是一样的。目标不是大了，是小了。上大学是一个正常人应该接受的教育，教育的真正目的不是上大学，而是培养真正的人！这是每个家长都应真真切切铭记在心的！我们要培养的不只是高智商的人，还应该是正直、善良的人，并且是对我们的社会有正面价值的人。这是我们对社会的责任。对家长来说，你的儿子、女儿硕士毕业了，博士毕业了，可是，婚姻不幸，家庭不幸福，事业无成，作为家长我们作何感想？我们要培养的是真正的人。让他幸福、成功、快乐，让他通过上大学这个渠道来达到生命的目的。家庭教育的总思路是：引发孩子成长的动力。我相信80%的家长在教育孩子的时候，头脑没有自觉的、系统的思路。教育孩子不是我们不断地讲道理、告诉他应该怎么做，而是我们要从他的角度出发，看什么能把他激励起来，使他自己能够学习、能够成长、能够探索自然、能够探索人与人的关系、探索社会……也就是我们要让孩子找到"我想学"的感觉。我们是在引发他成长的动力，而不是我们要他怎样。要他自己想成为一个男子汉，而不是你强迫他去成为一个男子汉。当一个人有了成长的动力，一切事情都好办了。他想成长、想学习新的行为，他会有动力去完成。如果孩子主动学习，想报这个班、那个班，想培养自己的独立人格，想有好的品质，孩子的幸运之神就降临了。而没引发出孩子成长的动力，不厌其烦地讲道理是毫无效果的。当我们把孩子当作"人"而不是"物"来对待，这个思路就是必然的选择。我们只需向孩子示范行为是什么样的、成功的人生是什么样的、幸福快乐的人生是什么样的、学习好了以后会怎么样……让他自己来选择，诱导他自己做出正确的选择，引发他成长的动力。这样孩子才能真正成长起来。

第四章
青少年心理问题案例

一个懒惰心理的危险，比懒惰的手足，不知道要超过多少倍。而且医治懒惰的心理，比医治懒惰的手足还要难。因为我们在做一件不愿意不高兴的工作，身体的各部分，都感到不安和无聊。

—戴尔·卡耐基

　　中学生时代，一个人的生理和心理都会发生急剧变化。如果在这一阶段遇到心理问题，没有解决好，就可能影响今后的一系列发展，本应无忧无虑的年纪，也会因此蒙上阴影，种种心理健康状况的调查都显示，目前中小学生的心理问题仍然普遍存在，这里列举了当代青少年中最常见的十大心理问题。

案例一　考试焦虑症

个案："我现在一拿到试卷，脑子里就一片空白。"小莉从小成绩优异，可进入初三后，成绩一降再降，由于一心想考重点高中，因此她一直都在自我加压的情绪下紧张学习。总复习开始后，她每次拿到试卷，脑子里就一片空白，数理化公式忘得精光，以前会做的题现在也不会做了。她说："我觉得自己无颜面对父母，还不如死了算了。"

应对：几乎每个学生都有考试焦虑，只是程度因人而异，显然小莉是得了典型的考试焦虑症。这时，父母和家长的耐心鼓励很重要。家长应该先接纳孩子的紧张焦虑，听孩子说说他的担心与不安，让他慢慢放弃那些消极的想法，进而改善考试焦虑的情形。孩子也可以找一个亲密朋友，把种种委屈都发泄出来。

提示：所谓"考试焦虑"，是指由考试所引起，在生理或心理上的紧张。生理上的紧张，诸如心跳加速、呼吸急促、头脑一片混乱或空白等；心理上的紧张则大多以担心的形态呈现，例如：担心考试时自己有一大堆题目不会写、担心考坏了被父母责骂等。

案例二　强迫症

个案：自从进入高中后，琳琳觉得学习比以前更紧张了，可是她回到家的第一件事却是要将家里所有的东西进行整理、归类。做完了这些事后，才能集中精力做作业。有时放好的东西又会再拿出来重新放。这样的事总要重复几次，最终必须做到全部让自己认可，才终止这一行为。这花费了琳琳许多宝贵的时间，为此她感到很烦恼，但她表示，自己也控制不住自己。

应对：一般来说强迫症的背后都有一个潜在的原因，比如父母追求完美，对孩子要求很高等。如果家长发现孩子经常发呆、做功课特别慢、咬指甲、耸肩膀等，就得注意了，这很有可能是一种强迫性的行为。这时家长要注意观察孩子，了解一下孩子为什么会这么做，并及早带孩子去找心理咨询师。

提示：强迫症是一种通过仪式化行为来减轻内心焦虑的精神疾病，来访者会产生挥之不去的想法，出现不得不做的行为，强迫行为伴随着反强迫行为而生，强迫与反强迫的矛盾交替进行，让来访者痛苦不堪。主要表现为强迫思维或强迫行为。强迫思维是指反复出现在患者脑海里的某些想法、冲动、情绪等，患者能认识到这些是不必要的，很想摆脱，但又摆脱不了，因而十分苦恼。

案例三 性别角色模糊

个案： 明明是个男孩，今年 16 岁，长得白白净净。由于父亲去世早，他从小就和外婆生活在一起。开学一周后，他的一些异常举动引起了老师的注意，说话嗲声嗲气，经常抱着年轻女教师撒娇。一个月后，他不仅要抱女教师，还经常去抱女同学，有时还会亲女孩子。

应对： 明明这样的表现显然是性别角色模糊，心理专家研究后发现，由于明明从小的社会关系网中几乎都是女性，这使他产生爱跟女孩玩、认为她们同自己一样的想法。为了改变这一性别偏差，可以请他的外公和学校的男教师经常和他谈心、交流、玩耍，同时有意识地安排一些男同学和他一起做游戏，使他在男性榜样的示范下，肯定自己是个男子汉，并逐渐学会勇敢、坚强。

提示： 所谓性别角色模糊是指个体对自己性别角色认同的错位。一般来说，大约从 3 岁起，儿童开始逐步形成性别角色的概念。如果小男孩把自己看作是一个与周围女孩子一样的人，在打扮、表情、举止上努力模仿女性，即成为女性化男孩，反之也一样。

案例四　恐学症

个案: 青青今年 12 岁,刚念初一,原先十分活泼可爱。可是近半年来,每天早晨上学前,她会千方百计找借口赖在家中不肯走,或是发寒、肚子胀、胃痛,或是昨天晚上没有睡好、吃不消,等等。但一到双休日不用上学时,一切异常情绪就都烟消云散。后经医生检查,发现青青原来是得了恐学症。

应对: 家长、学校和教师的各种压力和教育方式不当,及孩子的胆小、敏感、经不起批评等性格特点都易导致恐学症。家长首先要寻找孩子不肯上学的原因,不要采用简单的恐吓的方法迫使其去上学。开始时先让孩子在学校呆一个小时,如果这步成功了,可将时间逐步延长。

提示: "恐学症"是一种较为严重的儿童心理疾病,多见于 7 ~ 12 岁的小学生。由于学生害怕上学,具有恐惧心理,也称为学校恐怖症。常见的表现是,儿童害怕上学,甚至公开表示拒绝上学,上学时感到勉强、不高兴,该上学的时候不去或提出苛刻条件,一旦到校又借故回家,或在上学当天清晨或前一天晚上诉说头痛、头晕、腹痛、呕吐等不适,以上症状在节假日不出现。

案例五 体相烦恼

个案: 小亮今年正读初二,是班上的学习委员,身材瘦长,长相不佳。情窦初开的年纪,他喜欢上了班上的一个女孩,没想到表白后,女孩转身就逃,一边逃还一边喊:"难看死了。""我是不是真的很难看?"小亮不停地问自己,当天回去就照镜子,镜子里的他小眼睛、塌鼻子,他越看自己越难看,于是产生了自卑心理。他想"改头换面",但没办法,于是常常失眠,开始在意别人对他的评价,人多的地方是再也不敢去了,成绩终于一落千丈。

应对: 男孩更多地忧虑自己的身躯不够高大,女孩则担心自己的形体不够优美。进入初中的学生,随着生理的变化,都渐渐开始注意自己的形象,其中不少青少年甚至由于容貌或生理上的缺陷而产生了严重的精神负担,可以说体相烦恼在青少年各种心理烦恼中占有很高的比例。

心理专家建议,告诉孩子,没有体相上十全十美的人,俊男美女也有不足,告诉他们气质才是最重要的,要学会欣赏自己的才华,比如小亮虽然眼睛小,但很有神,虽然长相普通,但身材不错。

提示: 体相烦恼是一种心理障碍,一般出现在青春发育期。此时面对性别差异的突然出现,青少年往往缺乏足够的心理准备。他们会不由自主地与他人进行对比,一旦出现较大的差距,其中的一些人就会产生体相烦恼。

案例六　恋爱受挫

个案： 瘦高、文弱的小杨从高一开始就对同桌女同学产生了好感，买雪糕总是买两支，有新书主动借给人家，晚上放学还护送同桌回家。学期结束时，小杨便兴奋地提出"发展恋爱关系"，同桌却说他"歪心眼"，并让老师给调了座位。被浇了冷水之后，小杨不但没有冷静下来，反而产生了强迫性思维："她为什么不喜欢我呢？我长得太瘦弱？我对她还不够好？"终日胡思乱想，使他的成绩不断下降，终于有一天，他选择了轻生。

应对： 青少年的心理发展和生理发育往往是不同步的，因而恋爱受挫往往使他们心灰意冷，这时候心理承受力差的就容易产生心理疾病。因此对恋爱受挫的青少年，家长和老师应当及早发觉，并予以正确的引导和无微不至的关怀。老师可以对青少年开展青春期性教育，并以优秀的文艺作品和伟人的事迹来帮助其形成正确的世界观。

提示： 青春期的孩子往往比较敏感，此时一些微小的事情就容易引发心理问题，像恋爱受挫、体相烦恼等属此类。

案例七　社交恐惧症

个案: "要我上台发言,还不如把我杀了。"小张是名高中生,性格内向。上初中时,由于爱斜着眼看同一排的女生,引起了对方的反感。调换座位后,仍无法改变这种行为,后来连男生也不愿意坐在他旁边了。从此他便认为世上最难打交道的是人,十分害怕与人交往。老师说,每次遇到同学必须轮流上台发言,宁愿装病逃学,他也不敢面对朝夕相处的同班同学说话。小张显然是得了社交恐惧症。

应对: 内向的孩子在青春期过程中如果不注意调整心理状态,就会惧怕与人交往,从而引发社交恐惧。因此作为父母应及时审视自己对待孩子的行为是否恰当,并尽早纠正不恰当的教育行为,对孩子给予更多表扬和鼓励。孩子则要注意训练用大胆而自信的眼光看别人,为建立自信心打下基础。

提示: 患社交恐惧症的人,面对不熟悉的人讲话、在众人注视下运动或与异性交往时,往往会出现显著的、持续存在的担忧或恐惧,担心自己将面临窘境或耻辱。患者对所恐惧的环境一般采取回避行为,即使坚持下来也十分痛苦,经常会出现焦虑、多汗、面红耳赤等症状。

案例八　学习障碍

个案：小丽今年刚刚入学，父母却发现孩子写作业时十分粗心，经常多一撇少一画，把答案抄错。一次试卷发下来，父母发现中间竟然漏做了很多题，而小丽却说自己根本没看见这些题，父母于是觉得孩子学习态度有问题，故意不肯做题，于是打了她一顿，整整一个学期，这种情况始终没有得到改善。

应对：专家指出，小丽其实是有书写障碍。一般这类患者的眼睛似乎与别人的不一样，好像"懒惰的眼睛"，会漏掉许多明显的信息，表现在学习时视而不见，可以把整个题丢掉，事后却说自己没看见这道题。这种孩子最易受到老师和家长的误解，其实这是一种特殊的学习能力障碍。只有进行有关的视知觉训练才能见成效。因此，遇到孩子学习表现不佳时，家长和教师应当首先了解自己孩子的学习心理出现了什么问题，严重到什么程度，从而为孩子设计一个个性化的教育方案，针对特殊的学习能力不足进行培训。

提示：学习障碍是指智力正常，但因学习能力落后而导致成绩低下的现象。研究表明，大约有5%～10%的在校生属于学习障碍者。学习障碍是由若干不同类型所构成的，包括书写障碍、阅读障碍、数学障碍（又叫非语言学习障碍）等。

案例九　精神分裂症

个案： 小王自从升入高三后，成绩每况愈下，每天一回家便躲在房间里不出来，而且几乎很少跟父母说话，也越来越少与朋友联络。一开始小王妈妈以为小王是因为升学压力太大，而出现暂时不适应的情况，岂料小王的状况越来越怪异，整日自言自语。某天晚上吃完晚饭后，小王竟然声称看到阎罗王要夺取他的性命，而父母便是牛头马面，于是拿起菜刀想要追杀父母。最后，小王被送入医院急诊，诊断的结果是精神分裂症。

应对： 由于这类疾病常有许多前兆表现在日常生活中，因此父母或老师应提高警觉，一发现征兆，立即送医院治疗，以免错过治疗时机。这类患者的挫折应对能力较正常人差，因此在面对较大的生活压力时，便可能恶化，不能承担太大的学习任务。应尽量减少患者的心理负担，不要对他们有太高的期望。可以将家中许多压力较小的家事交由病患处理，让病患自觉对家里有贡献，以提升其自信心。

提示： 精神分裂症是一种严重的精神疾病，多发于15～20岁。主要症状包括思维、情感、行为等多方面的障碍。在发病之初，病人可能出现成绩或工作表现一落千丈、社交退缩、个人卫生习惯不良等先兆，在潜伏期阶段，若未予以适当的处置，病情便会更加恶化，而衍生出幻觉、妄想、语无伦次、行为怪异等症状。

案例十　抑郁症

个案： 小张正读高一，是某校的特困生之一。有一天他找到班主任老师，紧张而急促地说："我完了。一个多月了，晚上几乎通宵失眠，白天神思恍惚还经常呕吐。"说着懊丧地抬手扶了扶眼镜，右手腕上一道伤疤赫然而现，这是他不久前试图割腕自杀留下的痕迹。

应对： 经过心理专家的诊断，发现小张得了抑郁症。专家建议，为了避免心理问题导致情绪低落，学生可以把自己的生活和学习安排得充实一些，避免因过多的空想和胡思乱想而产生失落感，多参加一些文体活动，使自己心情舒畅起来。另外，还可以多与父母及亲近同学谈心交流，向他们倾吐心头的积郁，使自己心情愉快起来。

提示： 抑郁症是一种以情绪异常低落为主要临床表现的精神疾病，其特征是：无趣、无力、无望、无能、无助。症状包括：极度忧伤、绝望、疲劳、身患疾病。患有抑郁症的人，其情绪低落的程度和性质都远超正常界限，不同于日常生活中的各种烦恼那样容易逐渐地"云消雾散"。

第五章
家庭教育指导

影响孩子成绩的主要因素不是学校，而是家庭。家庭教育是人成长的根本，它是"培根教育"。无论父母有多大成就，孩子教育的失败，整个人生就失败。

——斯托夫人

"养鱼重在养水，养人重在养心。"如果鱼出现了问题，是因为水出现了问题。同样的道理，如果一个孩子出现了问题，是因为家庭环境出现了问题，归根结底也是家长的问题。本章节重点阐述家庭教育指导理念，为家长教育孩子提供思路。

第一节 孩子心理发展的基础是家庭教育

夫妻关系是否和谐、父母的教育方式、教育内容、父母的行为模式等都直接影响孩子的心理健康。

一、家庭教育是孩子心理发展的基础

家庭生活是人类生活最重要的组成部分。它对于个人心理的形成、性格的发展起着十分重要的作用。

第一，家庭是个人最早接受教育的场所，父母是孩子的第一任老师。家庭对一个人的智力、体力的成长，道德品质的发展，个性特征的形成产生全方位的影响。

第二，孩子的生活大部分是在家里度过的，他们最初的道德观念、价值观正是在家庭中形成的。个人的各种心理态度、心理品质、心理特点、性格以及行为习惯的形成与家庭环境和家庭教育有着直接的联系。

第三，家庭中教育的观点、方式，家庭成员的作风、习惯、品德修养，家长的心理品质、心理发展水平和个性、性格特征都深深地影响孩子的心灵。人的心理发展是有其客观规律的，先天遗传和生理发展是人的心理发展的物质前提，而后天的环境和教育是人的心理发展的关键。

二、家庭关系对孩子心理的影响

心理学研究表明：母子关系是孩子对社会感知的最早和有重要意义的关系，通过对孩子的深入关心，对丈夫及对亲朋好友的关心，母亲会给孩子树立一个关心的模式，对孩子今后的合作感和友爱感有良好的影响。良好的父子关系会让孩子今后对家庭、职业和社会制度持有好的态度。父母之间的关系影响着孩子对生活的全面适应，从而影响孩子的生活风格。

如果父母的相互关系是建立在互爱、互敬、互相信任、互相关心、体贴的基础之上，就会培养出孩子待人接物中的人道主义、诚实、忠厚等品质。相反，如果孩子在父母关系中看到的是冷漠、疏远、互不信任，将对孩子的道德成长产生非常消极的影响，会让孩子变得冷酷、自私，妨碍他们培养爱和友情这类重要的道德品质。

夫妻冲突对孩子心理和性格的不良影响是巨大的，家庭环境是儿童发展最初的，也是最重要的环境。这种环境造就了孩子的素质，培养他们的某些性格特点。孩子生长在充满矛盾、父母成天吵闹的环境里，家庭气氛里缺乏宁静、和平、幸福、安定，缺少孩子心理健康发展所必需的一切条件，会使孩子受到心理创伤和不良情绪的影响，甚至有可能造成神经系统的紊乱。

对于孩子来说，家庭是学会具体人际交往形式和技巧的第一个社会群体，父母对他们采取热情、温和、尊重或冷漠、急躁、轻视的态度，直接影响到他们今后与人的交往。亲子间不同的交往方式对孩子的个性、道德与行为会产生不同的影响。

无数的研究结果证明，孩子的道德品质与家庭中的亲子交往方式有直接的关系，人的许多重要的品质，如同情心、自尊心、独立性等，在许多方面都取决于父母与子女良好的关系。父母与子女之间缺乏爱的关系，缺乏精神上的亲近，则常常是孩子心理发育不全或教育缺陷的根源。

三、家庭教养方式及内容对孩子心理的影响

家长的过分溺爱和严厉粗暴这两种不良的教养方式对孩子的心理健康危害最大。

过分溺爱的教养方式主要体现在父母在同孩子相处时缺乏爱的分寸，视孩子为掌上明珠，无条件地满足孩子的一切要求，使孩子在家中处于特殊地位，事事都替孩子操办。这

给孩子的个性、心理健康带来了很大的负面影响。实践证明，在溺爱的家庭中成长的孩子，性格中会形成压抑、意志薄弱、胆怯、迟疑、情绪的稳定性差等特点，还可能养成自制力差、感情脆弱、不合群、动手能力差等特点。

严厉粗暴型的教养方式同样会导致孩子严重的心理问题。这种教养方式中父母对孩子要求过分严厉，教育方法简单粗暴，对孩子动辄打骂，丝毫不顾及孩子的自尊心。令孩子怀疑父母对自己的爱，对于孩子确立积极的自我形象极为不利。同时，还会使孩子形成有缺陷的个性，如自我中心、冲动、冷酷、淡漠、好斗、压抑、胆怯、自卑、孤僻等。严重的会导致孩子心理失常、神经错乱。

目前的中国家庭教育存在着很多误区：表现在一些家长对孩子的教育重身体素质培养，轻心理素质培育；重智力开发，轻非智力因素培养；重知识传授，轻能力培养。这使得很多青少年体壮如牛却胆小如鼠、意志薄弱；身材高大却自私自利、心胸狭窄；知识丰富却能力低下。科学的家庭教育应涵盖孩子身、心、智、德等诸多方面，应是对孩子全方位、立体性的培养和开发。

家庭教育内容的缺陷，表现在家长有意识地对孩子进行教育的内容方面，某些时候表现在家长无意识地对孩子产生了不良影响。如家长在遇到不顺心的事情时，经常在家中发泄对他人、对社会的不满情绪。这样久而久之，就会使包括孩子在内的所有的家庭成员对现实的阴暗面看得太重，导致心理失调，信念迷失，孩子在这种环境下成长，往往有种迷茫无助的感觉，不良的心理就此形成。

家庭教育取得成功，不能靠简单的模仿，因为来自不同的成长环境、不同的家庭，有着不同性格、兴趣、爱好，不同层次、不同素质、不同条件的家长要因地制宜、因材施教。只有这样，我们在家庭教育上才不至于走弯路，才不会出现让人追悔莫及的偏差与失误，才能够令其走向成功。而成功的家教能让孩子受用一生。

第二节　从孩子的心理问题看父母

一说到心理问题，很多父母首先关注的是孩子的问题，其实，孩子的心理问题，都是父母自己的问题。孩子生下来就像一张白纸，他虽然带着父母的遗传，但是行为习惯、性格特征、自我意识、爱好和情绪指向等，还是靠后天培养起来的。有些基本素质是先天的，比如急躁好动的特点，不能说是好还是不好，如果引导得好，就会朝好的方向发展。再比如活跃的特性，如果体现在上课积极发言、组织大家打球等方面，就是优点，但是如果体现在搞恶作剧、打同学、违反课堂纪律，就成了缺点。同样的原因产生两种后果，这是与教育有关的。

其实，孩子的优点和孩子的心理问题，其背后往往是源于相同的因素。父母们需要关注的是，教育是基于孩子的基本素质，朝着有利于自身和社会的方向发展。我们要切忌头痛医头、脚痛医脚的做法，孩子的问题是需要通过引导来解决的。

教育孩子不是无为而治，需要掌握原理和方法。心理学是研究规律、找方法，而不只是做心理咨询和治疗。这本书是帮助父母了解和掌握儿童发展的规律，学习帮助孩子解决问题的方法。比如，孩子在低年龄段会表现出在父母看来"自私"的行为，但是从心理学的角度，这个阶段，是孩子"所有感"的萌芽阶段，能够发展到今后的独立性、自尊和自爱。如果父母能了解孩子的心理特点，就可以帮助孩子正常发展，身心健康成长。我们传统方法中经常采用的打骂孩子等做法，是不能很好地解决心理问题的，父母们需要学习和掌握现代的知识、工具和方法。

孩子出问题不可怕，父母面对问题时的错误态度最可怕。孩子的成长中出现问题是很正常的，但是这个过程中，很多父母容易产生焦虑和担忧。有的父母错误理解"快乐教育"，让孩子不去面对挫折，一味地安慰孩子，制造表面上的"假快乐"。而孩子需要在成长中学习掌握三大生活技能—职业、人际关系和爱，这些都需要通过生活中的锻炼来学习。

怎样帮助孩子从小做好准备，我在这本书里面给父母们一些方法和途径。我们要认识到，孩子的分数和今后的职业不是直接相关联的，技能是培养和训练出来的，而孩子是否愿意做，也就是兴趣的养成，这个不能急于求成，不能过早过度刺激。

父母需要让孩子从小培养克服困难的勇气和本能，这个训练要从小进行，逐步开始；从小处入手，贵在坚持。训练要有耐心和毅力，孩子的学习不是通过报班就能速成的。所有方法的实施都需要父母有极大的耐心和毅力、长久的坚持和主动的干预。

父母要能够有意识地围绕孩子的潜力，有方向性地让孩子成长，过程中有计划有偏重，充分发挥孩子的优势。快乐教育应该是：朝应有的方向发挥优势，获得成长的快乐。有计划有意识地培养，不等于就是严格的。宽松教育培养出高创造力的人，比如艺术家，严格教育培养出高智商的人，比如科学家。严格并不是精神上的训斥。成长是让孩子的潜力能得到发挥，对社会有用，这好比登山的"高峰体验"，登峰过程中一定会经历痛苦，痛苦之后才能体验到成功的快乐。父母不要帮孩子避免痛苦，不要让孩子在安乐窝里苦于无成就感。

在我们谈问题、教方法的背后，父母们最需要掌握的是心态，也就是教育的方式和方向。比如一棵松树，只要栽到向阳的坡地，一周浇一次水，这样的条件就能让它很好地生长。但是如果是一棵柳树，本应种在水边却种到山坡上，那就长不好。很多父母在孩子的成长过程中容易焦虑，这就好比，本应一周给小树浇一次水，却因为焦虑而每天都浇水；本应把柳树种在水边，却非要和松树去比较，也像松树一样种在坡上，这样肯定长不好。所以，父母们要首先了解孩子，给孩子提供适合的环境，才能让孩子心理健康地成长，发展成为对社会有用的人，这样孩子的人生才会有价值感和成就感。

第三节　家长一味挑错容易导致孩子心理疾病

虽然对孩子严格要求是有好处，然而家长如果太苛刻地对待孩子，一个劲儿地给孩子挑错，那么孩子就很容易产生自卑心理，从而恶化成心理疾病。

有些家长，一味地给孩子挑错，认为这是促进孩子进步的好方法。即使孩子再怎么努力，在他们的心目中，都是一无是处。比如，孩子学习已经很努力了，考试成绩全班第二，他们马上会说，人家怎么能得第一，你怎么不能。这种挑错教育有几大弊端：

1. 不利于孩子良好"自我意象"的形成。孩子是一个不成熟的个体，尤其是小学生，自我意识正处于客观化时期，即使是中学生也是"他评"占重要的地位。家长认为孩子这也不好，那也不行，结果孩子就真的认为自己是个笨蛋，是个什么也不行的人。没有了自信，没有了自尊，或者说自尊与自信受到打击，以后的发展可想而知了。

2. 孩子前进没有了动力。很多孩子之所以很努力，原因很简单，就是为了老师表扬，为了家长夸奖，同学的赞美。老师、家长都一味地贬低他，看不起他，他会怎样呢？他会破罐子破摔，甚至用恶作剧的方式引起别人的注意。

3. 孩子容易同家长"顶牛"。孩子还小的时候，他们没有主见，对家长高度依恋，有时候家长批评完了，他们委屈地哭两声就完事了。到了青春期，独立意识增强，反抗心理开始发挥作用，他们也从自我意识的客观化时期向主观化时期转变，他们对待问题，有了自己的观点，有了自己的主见，于是，开始与家长乃至老师对着干，你说我不好，我还认为你不好呢！这时家长再一味地挑错，那就加剧了矛盾。轻则亲子之间冷战，重则孩子离家出走，甚至自杀。

4. 容易导致孩子心理疾病。家长的一味挑错，让孩子始终处在负面情绪中，久而久之，极容易导致心理疾病。

第四节　怎么说服不爱学习的孩子

"孩子不爱学习，我怎么说都不听！"家长让孩子学习，孩子为什么不听？相信很多家长都遇到过类似的问题，是什么原因导致这种情况发生，家长遇到这种问题该怎么解决？

一、家长说得不对

对策：家长需要学习转变观念

重智轻德，是很多家长在孩子进入小学后最常出现的问题。"家长最主要的是要转变观念，要学习。"家长应该订几份家庭教育的报纸，买几本家庭教育的图书。家庭教育不能摸着石头过河，因为"家庭教育只有一次，不能重来"。

家长该如何选择图书？"一定要挑观点辩证的，不要挑观点极端的。"建议家长选书时要看作者，不论书多好家长都不能照搬，首先要研究自己的孩子，要结合孩子的年龄、心理特点、性格特征以及某个问题的主客观条件等。

二、家长说的方法不对

对策：要研究方法

现在很多家长在教育孩子时，常用居高临下、单刀直入的方法和态度，这是不对的，说服教育要力争做到情是深的，心是软的，语言是感人的。具体应该怎么做呢？

1. 心理暗示法：

案例：一个孩子考试没考好，放学回到家后就钻进屋子里了，家长二话不说，把门一开就先打骂一顿，然后唠唠叨叨没完没了。打完了，孩子反而变得无所谓了，孩子想反正也挨打了，所以后面家长唠唠叨叨说了很多，他根本没听。

孩子长大了，教育要巧妙一点。孩子关上门意思就是不让你进去说，不想听你说。那怎么教育呢？

具体方法：孩子第二次考试没考好，又钻进屋里，把门关上了。孩子父亲干脆不进门，在门外对孩子的母亲说："咱俩说的话，可别让孩子听见。"其实声音正好能让孩子听见。孩子心想，"不让我听，我偏要听。"于是就趴在门口听。父亲说，"孩子没考好，可咱们孩子有志气，这次一定会吸取教训，下次一定会努力！你猜咱孩子在屋里干嘛呢？正偷偷下决心呢"。其实孩子根本没下决心，一听到这话就开始下决心了。然后母亲又说，"孩子没考好，也不能全赖孩子啊，咱俩也有责任啊，咱平时也没好好抓他学习，有点时间就打麻将。要检查，别让孩子先检查，咱俩先做检查"。正说着，孩子推门出来了，激动地说："爸爸妈妈，不赖你们，赖我，这次没考好，下次我一定好好学，考出好成绩！"这用的是心理暗示法。

2. 不教而教：

案例：一个孩子数理化很差，不好好学习，但是特别爱看战争、武器的书，买了很多枪、炮、坦克之类的玩具。母亲急了，没收了孩子的书，把玩具给砸了。结果孩子生气了，好几个星期不跟母亲说话。

我要是他，我都不跟你说话，我最喜欢的东西你给我砸了，我还跟你有什么话可说？小孩为什么爱看战争的书？要想知道这问题，你先看看战争的书。当孩子母亲去看完孩子那些有关战争的书籍，也被深深吸引了，她这才理解孩子。然后，和孩子聊战争……母子有共同语言了，当孩子谈得最热的时候，母亲说了这么一句："你知道那么多战争的事，你准能当一名军事家。"孩子一听更来劲了，继续遐想翩翩继续吹牛，母亲接着来这么一句："你要是考不上军事院校，你的军事家梦可就完了。"紧接着母亲帮孩子分析："现在的军事家可不是当年的土八路了，要军事院校毕业，没有科学文化知识根本就指挥不了打仗。"这样孩子听后自会暗暗下决心好好学习。

这就是不教而教。表面上看不是教育，是聊天、游戏，实际上就是教育。

3. 热处理法

案例：有一个孩子特别爱玩游戏机，就是不好好学习，怎么办？第一，不能绝对不让玩，游戏机里也有知识，也可以训练人的大脑；第二，玩的时间不能太长，可以与孩子订个协议，借此促进孩子的学习。如告诉孩子成绩达到什么程度就让玩多长时间；如果成绩不好，就不准玩了。家长会说："那也不行，订协议他不执行啊。"

我会这么说："你最喜欢玩什么游戏呀？你游戏机能玩到什么程度？"孩子一听说游戏机，就兴奋："老师，我全班第一。"一般家长一听到这话就会责骂孩子："你光知道玩第一，学习怎么样啊？"可我不这样："玩第一也不容易啊，傻孩子玩不了第一。要不咱俩赛赛？"孩子同意。"我不跟你赛，你这个水平太低了。""老师我这玩第一的水平还低？""别看你玩第一，这游戏的事多着呢，你都知道吗？"孩子以为自己对游戏无所不知："你问不倒我。""第一，游戏机是怎么发明的？这个人是怎么成才的？第二，游戏机哪个厂家最好？每年的出口量是多少？第三，游戏机的原理是什么？"孩子被问得一愣一愣的。"你看一问三不知吧？我要是你，我那么喜欢游戏机，我就发明游戏机，战胜国外的。让全世界的孩子都玩自己发明的游戏机。你愿意吗？"孩子当然愿意。"那么你知道怎么才能发明游戏机吗？要发明游戏机首先要把基础的数学语文学好，基础都没打好，原理都不知道，将来你怎么战胜国外的？""这也有关系？""那当然了，干什么都与学习有关系。"

这叫热处理法。就是抓住孩子的热点问题，结合热点问题来教育，一般他都听得进去。如果是单刀直入的、生硬说教的、空洞干瘪的，孩子是不听的。所以家长要研究方法，孩子说不听，主要是方法不对。

三、家长没威信

对策：像朋友一样相处，定家训

像朋友一样相处，就能树威信，不像朋友那样相处，反而不能树威信。树威信不是专制，如果总是居高临下地控制，很难有威信，造成孩子不愿与家长谈话。

家长和孩子应该是朋友的关系，同时也是长辈和孩子的关系，要长幼有序。两者是不相冲突的，可以结合。相处时是朋友关系，在家庭事务的处理中，要长幼有序，也就是说最后"拍板"的还是家长。

为什么很多家长在孩子心中没威信？溺爱是最主要的原因。孩子被从小娇惯，总是想干什么干什么，最后家长说什么反而不管事了。每个家庭定一个家规。如孩子每天玩游戏机半小时，超过就不给玩了。家规要家长与孩子共同协商，共同遵守。有了家规，孩子做到了可以表扬、奖励，做不到就要惩罚。这样，家长的威信就树立起来了。

第五节　父母教育孩子的最佳时机

一、新学期开始的时候

新学期开始，会有一种新的意识、新的能力，此时父母因势利导，将会"旗开得胜"。

二、孩子享受成功喜悦的时候

父母若能在祝贺鼓励的基础上，对孩子提出明确具体的要求，将会收到满意的效果。

三、孩子受到委屈的时候

父母若能主动地以冷静、宽容和同情的态度去帮助孩子解释，孩子将会产生感激之情，也就易于接受父母的告诫了。

四、父母与老师交流的时候

父母应把孩子的长处告诉老师，同时以希望的口气指出孩子的缺点，不宜单纯地"告状"。

五、孩子有困难或遭遇失败的时候

父母不应训斥，而应肯定孩子的努力，对孩子的不足之处给予点拨，帮其走出"困境"。

六、孩子有较大过失的时候

这时父母的理解、同情、体谅是孩子最需要的，很多时候，循循善诱能收到很好的效果。

七、孩子对某些事物心怀浓厚兴趣的时候

父母应积极支持、鼓励，推动孩子去寻求知识，激励孩子深入钻研。

八、有较大集体活动的时候

这是教育孩子遵守纪律，为集体争光，培养集体观念的极好时机。

九、他人取得成绩的时候

孩子往往会暗下决心"我也要做出成绩"，父母要抓住这一时机，对孩子提出适当的目标要求，使孩子的一时热情变为持久的行动。

十、外出做客或有客人来访的时候

一般，孩子都喜欢听好话，不愿在别人面前出丑，所以这时应注意保护孩子的自尊心，不要在客人面前"揭短"，

多谈孩子的优点和长处，恰当地提出希望。

第六节　家长"五分"教育，孩子成就未来

现在大多数孩子都是独生子女，一般是几个大人围着一个孩子转，孩子就是家庭的中心，衣食住行全由父母或其他长辈代办。有时候家长性子急，嫌孩子动作太慢，浪费时间，不如自己包办；有的家长还认为孩子小，磨蹭是暂时的，现在我先包办了，等他长大了再说不迟。其实，这些教育方法都是害了孩子，真正好的教育是，父母不包办，做事只做一半。

一个孩子双脚沾满泥浆，从外面玩回来。而妈妈在为孩子换鞋袜时，只给孩子穿上一只鞋、一只袜子后就走开了。

原来，这是这位妈妈创造的家庭劳动教育法。就是不管做什么事情，只为孩子做一半，另一半则由孩子独立完成。譬如，孩子的鞋脏了，就手把手教孩子擦亮一只鞋，另一只鞋交给他自己动手擦干净；孩子洗手时，只给他洗一只手，另一只手他自己去洗。因为这样可以迫使孩子为了两只鞋一样亮，两只手一样干净，而自己动手将另一只鞋也擦亮，另一只手也洗干净。总之，为孩子做事情只做一半，剩下的留给孩子自己动手做。

这种只做一半的教育与"授人以鱼，不如授人以渔"有同工异曲之妙。

人都喜欢舒适的环境，喜欢尽情享受，愿意被人照顾，享受不动脑筋、不费力气的幸福日子，孩子也一样。所以，家长长期这样包办代替的结果就是家长每天忙得不可开交、疲惫不堪，而孩子安心理得地等着被照顾，等着家长来帮忙，体会不到家长的辛苦，自己的行为能力也没有得到提高，责任感也没有培养起来，等到自己必须做事情的时候，不知道着急。

孩子渐渐长大了，会把这样的行为习惯融入自己生活的方方面面。现在总是有很多家长在说孩子磨磨蹭蹭让人着急，又有谁想过孩子磨磨蹭蹭的行为习惯有多少是家长自己亲自培养的呢？

所以，好的教育方法是，父母要学会适时放手，不要事事为孩子做，可以只做一半，顺便引导孩子怎样做。

父母怎样才能不为孩子包办？

一、家长学会放手，逐步减少过度帮助

只要孩子自己能做的事情，就要让他尝试自己做，即使做不好，也要给予表扬，从而增强孩子的自信心。可以先指定一两件事情，限制时间让孩子完成。比如：起床穿衣服，先规定要自己穿，因为还不熟练，开始家长可以适当帮助，限定的时间也要长一些，经过一段时间的训练后，逐步地家

长不再帮助，再缩短穿衣服的时间，最后达到自己又快又好地起床穿衣。

家长要改变"孩子小，以后再培养也来的及"的错误观念。每个年龄段，都有他们自己力所能及的事情，家长可以根据孩子的特点，制定什么事情是孩子自己要做的。这样安排好，孩子习惯了自己的事情自己做，到时候，不用家长催促，自然就会去做了，动作就快了。温馨提示：家长放手让孩子做事情要逐步进行，不是一下子什么都不管了，走向另一个极端。家长一下子什么都不管，会让孩子不知所措，觉得事事都难做，事事都不成功，心里憋气窝火，觉得自己很笨，挫败感油然而生，对做事情产生极大的抵触心理，最后可能会自暴自弃，什么都不做了。

我们要求孩子自己的事情自己做，目的是让孩子学会做事情，学会加快自己的速度，知道自己承担自己的责任，达到这个目的就好了，千万不要教条，让孩子觉得家长刻板而冷酷。

家长放手让孩子做事情是对的，但是今天特殊，比如要迟到了，还让不让孩子自己穿衣服呢？要灵活掌握，千万不要死教条，弄得孩子害怕迟到哭哭啼啼。明天早起一点，可以继续训练。当然，若孩子成心捣乱，那就另当别论了。

二、合理运用对比法，激起孩子的热情

我们所说的合理对比，就是巧妙地和别人对比或与自己前面的成绩对比，找进步，找希望。值得家长注意的是，我们这里的对比，是比进步，不是给孩子树立模范榜样让孩子去学习。比如，让孩子比较："自己迅速做完事情的感觉，与妈妈替你做事情后唠唠叨叨，哪个心里舒服？""昨天穿袜子，你自己穿一只，妈妈给你穿一只，你比妈妈慢，今天怎么比妈妈快了？""今天如果有人问你：衣服谁给穿的？你可以理直气壮地告诉他：我自己！""你自己有没有觉得自己越来越棒了？""前两天你还拒绝妈妈的要求，说什么也不自己洗脸，今天自己都会像妈妈一样用洗面奶了，妈妈觉得你在进步，是不是？"同时您可以鼓励孩子，提高要求："今天我们要比昨天快一些好不好？"您会发现，孩子的积极性被您调动了起来，做事情越来越有热情了。

第七节　让孩子不说谎的教育之道

说谎是什么意思呢？说谎是作弊与欺骗在言语方面的表现。这种作弊与欺骗是最要不得的，大而言之，直接地或间接地有害于国家民族，拿那些贪官污吏来说吧，就是一种惯

于说谎的典型人物。小而言之，亦足以使个人人格破产。

第一是损失自尊心，一个人是不能没有自尊心的，人失去自尊心，不看重自己，则自暴自弃，什么事都做得出来。第二是丧失信用、得不到别人的同情与帮助。从前不是有过一个"狼来了"的故事吗？当放羊娃第一次说谎，在山岗上大喊"狼来了"的时候，别人听了，连忙跑来替他赶狼，可是他却怡然自得，以为愚弄了别人一次。哪里知道这样一次说谎，竟播下了失信的种子，当真的狼来了，他惊慌失措大喊"狼来了"的时候，人家以为他又在撒谎，不来救他了，而他竟至被狼咬死。

林肯说："你能欺骗少数的人，你不能欺骗大多数的人；你能欺骗人于一时，你不能欺骗人于永恒。"这是多么中肯的话啊！

说谎决不是偶然说说的，必定是养成了一种说谎的习惯，而这种说谎的习惯大多数又是从小养成了的。因此我要谈谈怎样使孩子不说谎。要使孩子不说谎，必须先了解孩子说谎的原因。孩子为什么要说谎呢？

一、孩子怕父母或教师的打骂

有些做父母的，每逢孩子做错了一件事，便要骂孩子或打孩子。孩子怕骂怕打，便用说谎来掩饰自己的过错，这种掩饰得到父母或教师的宽恕，于是第二次第三次做错事时，便再说谎来求得宽恕了。

二、逃避现实

有时孩子为了不愿意做或不能做某事时，便叫头疼呀！肚子疼呀！用各种谎言去欺骗父母或教师，这种谎言又往往得到父母或教师的同情，因此以后便也常说谎去推诿了。

三、好虚名，要面子

一件事本来不是他做好的，但说是他做的，可以得到奖赏，面子光彩，于是他说谎了；事本来是他做的，但做得不好，怕丢脸，于是他说那件事不是他做的，也说谎了。

四、贪利

很多孩子口馋，要吃东西，便说谎，又有些孩子为了要得到很高的分数或奖品，便在考试时作弊还硬说自己的本领高人一等。这都是贪利的缘故。

遇到这种情况，家长应该怎么办？

孩子说谎的原因知道了，那么怎样纠正他，培养诚实的习惯呢？

要了解孩子：孩子愿做什么，能做什么，希望得到什么，你一定要了解。了解了孩子的心理与能力，然后让他去做。在做的过程中，你要帮助他去发现问题，克服困难，将事情做成功，而得到奖励。要消除他说谎的动机，鼓励他诚实地去做。

暗示：暗示有两种，一种是正面暗示，譬如有两个孩子在一起，一个是诚实的，另一个是喜欢说谎的，你要对那个诚实的孩子嘉许，奖励他，使那个说谎的孩子感动，走上诚实之道。另外一种是反面暗示，譬如你的孩子跑来报告你一件事时，你要信任他，不要说："真的吗，你不要骗我呀！"如果你这样说，在孩子的心灵上，就种下一个说谎的种子，以为说谎是可以骗过去的。我们必须应用正面暗示去感动孩子，不要用反面暗示去刺激孩子说谎的动机。

榜样：做父母或教师的要以身作则，去做诚实的事，不要在孩子的面前说谎。我们知道孩子的模仿性最大。耳濡目染，就会效仿的。有时你还可以讲诚实孩子的故事给他听，譬如华盛顿小时候砍樱桃树的故事。有一天，华盛顿在园里砍了一株樱桃树，他的父亲知道了，非常气愤，华盛顿急忙跑去承认，说是他砍的。这时他的父亲不但不责备他，反而嘉许他，鼓励他处处要像这样诚实。以后华盛顿事事做得诚实，决不说谎，终至成就了伟大的事业。这样的故事，你可讲给孩子听，拿故事中的人物去做他的榜样。有一种榜样是不好的，譬如，一个母亲要打牌，不想招待客人，嘱咐他的孩子说："如果有客人来，你就说妈妈不在家。"等客人来了，孩子便照着母亲的话说谎了："妈妈不在家。"这是一种不好的榜样，很容易使孩子养成说谎的习惯。他既可照母亲的话去欺骗客人，自然他就可以照自己的意思去欺骗别人，甚至是自己的母亲。因此我们要做好的榜样，坏的榜样千万不要做。

这三点，我们做父母或教师的应该随时随地注意，务必使孩子不说谎，建立起诚实的习惯。

第八节　毁了孩子一生的"一件小事"

父母可以教孩子一句诺言，也可以教他们一句谎言；父母可以教孩子做一个自私的人，也可以教他做一个善良无私的人；父母可以在孩子的心里播下暴力的种子，也可以在他心里撒上爱的种子。

人生会遇到许多岔路口，有的通往天堂，有的通向地狱。人的一生有多种可能，既有可能成为天使，也有可能成为魔鬼。

在这些可能的岔路口，人们的选择却往往带有很大的偶然性，引导他做出选择的，也许是一个很小的事件，也许是生活中一个不起眼的细节，也许是几句不经意的话，也许仅仅是一个小小的却印象深刻的行为。可是在这些小事件、小细节、小行为和不经意的话语影响下，站在岔路口的人走上了不同的人生路径，从而也就有了不同的人生。

北京海淀区法院少年法庭庭长共审批了 629 名未成年犯

罪者。她发现，"问题少年"往往是"问题父母"的产物，每7个编造谎言犯诈骗罪的少年中，有6个的家长不诚实；每14个偷拿他人财物犯盗窃罪的少年中，有13个的家长崇尚金钱、爱贪小便宜；每15个持械斗殴犯故意伤害罪的少年中，有12个的家长性格粗暴、爱与人争斗、动辄打骂孩子。

那些"问题少年"，那些身陷囹圄的罪犯，许多人曾经都遇到过这样的岔路口，是发生在人生岔路口的一件小事改变了他们的一生。

有一份对115名死刑犯犯罪原因追溯的调查报告表明，这些罪犯从善到恶，从人到鬼决不是偶然的。他们的犯罪大都可以追溯到他们的童年，是不同的童年造成了杰出青年与死刑犯之分，更造成了健康青年与病态青年之分。他们中有30.5%曾是少年犯，61.5%少年时犯有前科，几乎人人都有过劣迹。

柏拉图说："人是习惯的奴隶。"英国诗人德莱顿说："首先我们养成了习惯，随后习惯养成了我们。"当初播下什么样的种子，今天就会收获到什么样的果实。是人的行为、习惯、品质直至人格形成人的最终命运。

一位学者说：造就一个人，或者毁掉一个人，就看他是如何被教育的。魔鬼和天使都在细节中。

一个人一生中最早受到的教育来自家庭，来自父母对孩子的早期教育。推动摇篮的手就是推动世界的手。

当孩子带着一颗单纯得透明的心来到这个世界时，他们对这个世界充满了好奇、充满了求知的渴望，他们对父母有着一种天然的完全的信任，父母说那是花鸟、树木；他们就会认为那就是花鸟、树木，父母说天是蓝的、水是绿的，他们就会认为天是蓝的、水是绿的。如果父母将黑的说成白的，将红的说成绿的，他们也会毫不怀疑地认为那黑的是白的，那红的是绿的。

在孩子的眼里，父母无所不知，无所不能，父母说什么他们会信什么，在这个阶段，对世界一无所知的孩子，他们对父母所给予的信息是反映式的，父母的生活态度和言行举止，父母的心理和人格，就是孩子向这个社会学习的最好教材，就是孩子认识社会、认识人生的一面镜子。

父母以人格育人格。品行不良的父母很容易培养出品行不良的孩子，心理扭曲的父母，很容易使孩子失去辨别美与丑的能力。从这个意义上来说，父母在孩子的幼年给孩子奠定什么样的生命品质，将决定着这个孩子的一生是否过得美好和幸福。

人生没有对错，只有选择。当您在面对孩子时，请别忘记了自己"老师"的身份，别让孩子因为您的影响而做错选择。

第九节 中学生如何克服心理惰性

如今人们对健康的定义不只是单纯的身体健康，同时也包括心理健康。心理健康不只包括无心理障碍及心理疾病，也包括乐观向上的心理状态和愉悦的情绪。中学生基本上都遇到过一些心理方面的问题，这些问题常常是如何摆脱悲观、消极的心理状态以及如何改变不良情绪所带来的消极影响。对此，我们通过查资料、做访问，对这些心理问题进行了探讨和研究，供家长们参考。

一、心理的寄生虫——惰性

也许我们每个人都有一种不良习惯——拖延时间，我们常常因为拖延时间而懊恼不已，然而下一次又像赋有惯性般地自然地拖延时间。这种现象我们几乎不时遇见，以至于当它发生时都不以为然了。然而，拖延时间却是一种极其有害于人们日常生活与事业的恶习。鲁迅先生说过：浪费别人的时间等于谋财害命；浪费自己的时间等于慢性自杀。不过，你也许已经厌恶自己的这种不良习惯，并希望在生活中消除因拖延而产生的各种忧虑。但是，你总是没有将自己的愿望付诸实际行动，其实，你所推迟的许多事情都是你曾经期望尽早完成的，只是由于某种"原因"而一拖再拖。有时你甚至对自己说："我的确应该做这件事情了，不过还是等一段时间再说吧。"对于拖延时间者来说，我们很难将这一毛病归咎于外界因素，因为拖延时间的是你，由此受害的也是你。我们每个人都确信，拖延时间是一种不健康的行为，然而却很少人能够说他自己从不拖延时间。其实，这种行为本身并不包含任何不健康的因素，只是由此产生的情感或惰性才构成一种不健康的行为。因为对你来说，某件事情做了就是做了，没做就是没做。其实根本不存在拖延或不拖延之说，你也许认为我们所说的观点有点自相矛盾，其实，生活本身就充满了这样的矛盾。如果你喜欢拖延时间，并且不会因此悔恨、忧虑或烦恼，那你完全可以继续保持自己的习惯，因为它并没影响你的生活。但事实上，对大多数人来说，拖延时间不过是让自己避免投身现实生活而采取的一种手段。拖延时间常常是人们逃避现实、避重就轻、自欺欺人的表现。然而，很多事情无论你是否拖延时间都必须完成，人们就通过拖延时间暂时逃避现实，从暂时的遗忘中获得片刻的轻松。然而这并不是根本的解决之道。以下是为拖延时间者开出的一系列处方，相信会给你带来奇异的效果。那么，就从现在开始，不再拖延时间，家长跟孩子一起列出自己的行动计划吧。

①不要把拖延看成一种无所谓的耽搁，一个企业家可以

因为没能及时做出关键性的决定而遭到失败；延误了看病时间，会给人的生命带来无可挽回的影响。拖拖拉拉这个坏习惯不是无伤大局的，它是个能使你的抱负落空、破坏你的幸福，甚至夺去你生命的"恶棍"。

②找出使你备感苦恼的、习惯拖拉的一个具体方面，然后去征服它。突破拖拉作风对你生活某一方面的束缚，一种得到解脱和成功的感觉将会帮助你通过其他方面去克服它。

③为自己定一个期限。但你不要暗地里规定一个期限，这样很容易被自己忽视。要让其他人都知道你的期限，并且期望你能如期完成。

④不要因为追求十全十美而裹足不前。有些人对采取行动望而却步，因为他们害怕自己干得也许不那么完美无缺。

⑤让自己把握眼前的五分钟，并努力切实地生活。先不要考虑各种长期计划，应争取充分利用眼前的五分钟做自己要做的事，不要一再推迟可以给你带来快乐的那些活动。

⑥现在就去做你一直在推迟的事情，如写封信、实施你的写作计划。在采取实际行动之后，你会发现，拖延时间真是毫无必要，因为你很可能会喜欢自己一拖再拖的这项工作。在实际工作中，你会逐步消除自己的各种忧虑。

⑦问问自己："倘若我做了自己一直拖延至今的事情，最糟糕的结果会是什么呢？"结果往往是微不足道的，因而

你完全可以积极地去做这件事。认真分析一下自己的畏惧心理，你会懂得维持这种心理毫无道理。

⑧要真正爱自己，不要为将要做的事情忧心忡忡。不要因拖延时间而忧虑，要知道，真正爱自己的人是不会在精神上这样折磨自己的。

⑨认真审视你的现在，找出你目前回避的各种事情，并且从现在起逐步消除自己现实生活中的畏惧心理。拖延时间意味着在现实生活中为将来的事情而忧虑。如果你把将来的事情变为现实，这种忧虑心理必然会消失。

⑩鼓足勇气去干一两件你一直在回避的事：一个勇敢的行动可以消除各种恐惧心理。不要再强求自己"干好"，因为"干"本身才是关键。

二、心理的死疙瘩

我们对于许多世俗观念总是深信不疑，其实它们未必完全正确，而且很多时候成为我们思想上的阻碍。同学们常在生活中抱怨生活对自己不够公平，然而一定要强求公平吗？我们生活在一个社会群体之中，一个社会必须有合理的法律、规则与道德标准等来互相约束，以维持一个良好的社会秩序。在我们的生活里大家都习惯于时时处处去寻求一种公道与正义，一旦失去了公正，他们就会愤怒、忧虑或者失望。然而，现实的结果是，寻求公正就像寻求长生不老一样。我们周围的世界——不管是自然界还是人类社会——本身不可能是完全公平的。知更鸟吃虫子，这对虫子来说是不公平的；美洲豹吃小狼，小狼吃獾，獾吃老鼠，老鼠吃蟑螂……只要环顾一下大自然，就不难看出，世界上很多现象无法用公道衡量，龙卷风、洪水、海啸和干旱都是不公道的。倘若人们强求世界上任何事物都要公平合理，那么所有生物连一天都无法生存——鸟儿无法吃虫子，虫子就不能吃树叶，世界就得照顾到万物各自的利益。所以，我们寻求的完全公道只不过是一种海市蜃楼罢了。整个世界以及世界上的每个人都会遇到各种各样的不公道。面对这些不公道之处，你可以高兴，可以怨恨，可以消极视之……但这些不公道现象依然会永远存在下去。这里，我们提出的并不是什么犬儒哲学，而是对客观世界的一种真实描述。永恒的公道是一个脱离现实的概念，在人们追求自己幸福时尤其如此。然而，许多人认为，难道世界就不存在任何正义感了吗？人们渴求公道，但一旦他没有得到公道时就会表现出一种不愉快，讲求正义、寻求公道，这本身并不是一种误区性的行为，但如果你一味追求正义和公道，未能如愿便消极处世，这就构成了一个误区——一种自我挫败性行为。当然，这一误区并不是指寻求公道的行为本身，而是指由于不公道的现实存在而使自己产生的一种惰性行为。不公道现象的存在是必然的，当你无法改变这一现实时，你可以努力不断改变自己，不让自己因此而陷入一种惰性，并可以用自己的智慧进行积极的斗争。首先争取从精神上不为这种现象所压垮，其次努力在现实中消除这些现象。你知道，你自己无法把握他人，更不会主宰整个世界，那你就从现在开始，不要以自己所谓的"公正"要求他人。以下是一些行之有效的办法：

1. 将你所见到的各种不公正现象全部列出来，将这些现象作为你采取切实行动的出发点。向自己提出这样一个重要问题："这些不公正现象会因我的愤怒而消失吗？"答案显然是否定的。努力消除使你烦恼的误区性心理，你便可以逐步跳出寻求公正这一陷阱。

2. 不要再让别人左右你的情绪，这样，在别人未按你的意愿行事时，你就不会陷入惰性。

3. 不把自己同别人或别的事情比来比去，在制定自己的目标时，不要考虑周围的人在做什么。如果你要做一件事情，就应该全力以赴地做好它，而不必羡慕别人所具备的优越条件。

4. 假如你又讲出"我如果晚回家总要给你打电话，你为什么不给我打电话"之类的话，立即改正自己，大声地说："我觉得你要是给我打个电话，就更好了。"这样，你就不会根据自己的行为要求别人给予自己同等待遇，同时也就消除了一个误区性观点。

5. 在购买礼物时，你愿意花多少钱就花多少钱，不要根据别人上次为你花费的钱数选择回赠礼物，不要再出于义务或为保持公平而接受他人的邀请。根据自己的内在标准，而不是外界标准决定是否结识某个人。

6. 不要忘记：报复也是受他人控制的一种表现，不要根据他人的行为采取行动，应该按自己的判断行事。

三、心灵的囚笼

有时同学们会觉得莫名的压抑，阻碍了自己的行动自由。在不经意间，我们常常为了某些顾虑压抑自己，使得自我无法释放，却不知如何解除这层束缚。每个人都具有性格这种神秘物。当我们说，某人具有良好的性格时，真正的意思是指他能够发挥自己的创造潜力，并且能够表现他真正的自我。不良的性格与抑制的性格是一枚硬币的两面，有不良性格的人不会表达出创造性的自己，他抑制了自己，铐住了自己，上了锁并且把钥匙丢掉。"抑制"这个词，字面上的意思是停止、避免、禁止、约束。抑制的性格约束真正自我的表达，由于某种理由，他害怕表达自己，害怕成为真正的自己，而将真正的自我囚禁在内心的樊篱中。抑制的征候很多，种类也很繁多，例如害羞、胆怯、敌意、神经过敏、过分的罪恶感、失眠、紧张、易怒、无法与人交往，等等。你是否试过穿针引线的工作？如果试过，但以前没有经验，你一定发现你把线抓得紧紧的，然后靠近针孔试图把线穿过那个小小的针孔，但每一次想要穿过针孔时，你的手就会情不自禁地抖起来，线就穿不过去了。想要把液体倒入一个细口瓶里的情况也是一样的。你想要把手牢牢地稳住，企图达到你的目的，结果，你自己都会奇怪，手却不受控制地抖起来。这种情况就是医学界所谓的"目的颤抖"。正常人要达到目的时，如果过分用心，或过分谨慎地不想犯错误，往往会发生上面所说的情况。过分谨慎，或避免做错事的忧虑，是一种过度的否定反馈。以口吃的情况来说，口吃的人心里老是想可能犯错误，而又过度谨慎地想避免说错，结果是抑制说话与败坏事情。过度谨慎与忧虑是同一件事情的两面，两者都过分关心可能的失败或者担心做错事，都与竭力想把事情做好有关联。在我们的学习生活中，过分的谨慎与尽责就像自行车链条一样，会紧得使你的思想的运转受到阻碍。例如连续几天的考试迫在眉睫的时候，也要有休息的空闲时间。

考试期间过度的紧张气氛会破坏你事先所用功准备的一切。如果你要考得好，就在考试前一天将书本抛开，对自己说："我不再在这东西上花费一分钟时间，我一点也不在乎考试结果的好坏。"诚心诚意地这样说，并且从内心体会这句话，然后出去玩一玩，或躺下来睡一觉，保证你第二天的考试结果会让你在以后考试前永远使用这一方法。假如你是因为压抑而感到不快乐或者遭到失败，那你就需要慎重地练习消除压抑的方法。你必须学会不那么过分谨慎、过分关心、过分负责。你必须学会在思考之前说话，而不是在仔细考虑之后才行动，这看起来似乎与我们所接受的教育背道而驰。是的，这个世界需要一些抑制，然而抑制太过分，就犹如一个发高烧的人对自己说："当然了，热量对于一个人的健康来说是必要的。"但是，过度的热量必定会对你的健康造成威胁。现在介绍几种克服压抑的方法：

①不要事先疑虑你要说什么话，只要张开嘴巴说出话来就行，说的时候再临时措辞。记住：不要想我们要说什么，你的精神会适时地告诉你要说什么。

②不要批评自己。压抑的人总是陷在自我批评的分析之中，不管做了多么简单的行动，事后他总是会对自己说："我怀疑我是否应该这样做。"当他鼓足了勇气要说话的时候，又马上对自己说："也许我不应该这么做。也许别人会从坏的方面去理解这句话。"千万不要这样分裂自己，有效用的反馈是潜意识的、自动自发的。刻意追求的自我批评、自我分析反省是有用的，但是每年一次就够了。时时刻刻的有后知之明或者空想过去的行为是没用的。所以，注意你的自我批评，现在马上戒掉。

③养成讲话比平常大声的习惯。压抑的人讲话都是轻声细语，这是众所周知的，所以，你要提高你的音量。当然，你不必对人大声叫喊或用生气的音调，只要有意地练习讲话比平时大声一些就可以了，大声地谈话本身就是消除压抑的有效方法。最近实验显示，举重的时候如果大声叫喊，你就可以多使出 15% 的力量，举起更多的重量。对这种实验的解释是大叫大喊可以消除压抑，使你使出全部的力量，包括受到阻碍和压抑的力量。

④你喜欢什么就让别人知道。压抑的人害怕表达好或者坏的感情。如果他表示友善，又怕被人认为献媚讨好；如果他称赞别人，他又怕被人讥笑为肤浅或者被人怀疑他有什么隐藏的不可告人的目的。你完全不要理睬这些否定的反馈信号，每天称赞三个人。如果你喜欢别人的衣服、配饰、做的事情、说的话，那你就让他知道。你直接对他说，"我喜欢你这样说""你的帽子真漂亮""我看得出你是一个高手"，等等。大胆地说出来，不要太在乎后果。

以上是对于中学生常见心理问题的一些粗浅研究和分析。所提出的方法和建议，心理学家都已经通过实验证明了它们的可行性和有效性。希望能对同学们有所帮助。同时，希望同学们能够重视自身的心理健康，并不断增强自身的心理素质。

第十节　家长别忽视孩子的自卑心理

所谓自卑，是指一个人严重缺乏自信，他们常常认为自己在某些方面或各个方面都不如别人，常用自己的短处和别人的长处相比。具体体现在遇事不相信自己的能力，办起事来经常前思后想，总怕把事情办错被人讥笑，且缺乏毅力，遇到困难畏缩不前。说得直接一点，也就是自我评价过低，自己瞧不起自己。它是一种人格上的缺陷，一种失去平衡的行为状态。自卑常以一种消极的防御的形式表现出来，如妒忌、猜疑、羞怯、孤僻、迁怒、自欺欺人、拒绝交朋友、自暴自弃、回避竞争竞赛、焦虑等。自卑使人变得十分敏感，经不起任何刺激。一个孩子如果被自卑心理所笼罩，其身心发展及交往能力将受到严重的束缚，聪明才智也得不到正常的发挥。

自卑是一种性格缺陷，人的自卑性格的形成往往源于儿童时代。因此，父母应关注自己的孩子有没有自卑心理，一旦发现，须尽早帮助克服和纠正，以避免形成自卑性格。那么，父母如何纠正孩子的自卑心理呢？以下几种方法可供参考：

一、父母对孩子的要求要适当

家长要帮助孩子建立自信，克服自卑，对孩子的要求要适当，不能苛求孩子。家长对孩子的要求应该与孩子实际的能力和水平相适应。孩子取得成绩，家长应及时表扬、鼓励，使孩子对自己充满信心。对于平时学习成绩差、考试总不及格的孩子，家长应以关心和安慰的态度帮助孩子分析错误原因，总结经验教训，给孩子以耐心的指导，一步步地提高孩子的成绩，让孩子看到自己的进步，逐渐树立自信心。

二、丰富孩子的知识，开阔孩子的眼界

生活中，经常会发现当好多孩子在一起交谈时，有的孩子讲得津津有味、绘声绘色，有的孩子却只在一旁听着，一言不发。孩子之间为什么有这么大的差别呢？这主要是孩子的知识面不同，有的孩子见多识广，有的孩子见识短浅，相比之下，那些知道得很少的孩子就容易产生自卑心理。因此，父母应有意识地帮助孩子丰富知识，开阔孩子的眼界，提高孩子的能力。

三、建议孩子使用小目标积累法

很多孩子产生自卑心理，往往是由于对自己要求过高，把自己已经完成的小目标淹没在大目标无法实现的焦虑中，心理上就常常笼罩在悲观、失望的阴影中。孩子可以自己制定一个个能在短期内实现的小目标，引导自己向前看，从已经实现的小目标中得到鼓舞，增强自信。随着一个个已实现的小目标的积累，不仅会形成一个实现大目标的动力源，还

会使孩子形成足以克服自卑心理的信心。

四、教孩子扬长避短，学会心理补偿

“尺有所短，寸有所长。”每一个人都有自己的长处和优势，同时，也有自己的短处和劣势。如果用其所短而舍其所长，就连天才也会丧失信心，自暴自弃；相反，一个人若能扬长避短，强化自己的长处，就是有残疾的人也能充满信心，享受成功的快乐。因此，消除孩子的自卑心理，要善于发现他们的长处和优势，并为他们提供发挥长处和优势的机会和条件，让孩子学会理智地对待自己的短处和劣势，寻找合适的补偿目标，从中吸取前进的动力，就能把自卑转化为一种奋发图强的动力。这也是帮助孩子克服自卑心理的关键。

五、驱逐孩子心中失败的阴影

孩子在生活中难免遇到失败和挫折，而失败和挫折的阴影是产生自卑心理的温床。所以，父母应及时了解孩子的心理变化，给孩子以指导，帮助孩子及时驱除失败和挫折的阴影，这是克服自卑、保持自信的重要手段。驱除失败和挫折阴影的方法很多，比较常见的有以下两种：一是父母要帮助孩子将失败和挫折当作学习的机遇，认真分析失败和挫折的原因，从失败和挫折中学习和吸取教训，总结经验；二是彻底遗忘，父母要帮助孩子将那些不愉快的、痛苦的事彻底地忘记，或是用成功的经历去抵消失败和挫折的阴影。

六、引导孩子建立积极的人际关系

自卑的孩子大多孤僻、不合群，喜欢把自己孤立起来。而积极的人际关系会为他们提供必要的社会支持系统，有利于自身压力的减缓和排解，性格也会变得开朗起来，并且在与人交往中也会更加客观地评价自己和他人。家长要鼓励自卑的孩子多与别人交往，并教给他们一些社交技能。

七、尊重孩子的自尊心

帮助孩子建立自信，树立孩子的自尊心非常重要。有的孩子自尊心很强，如果做错事，自己就很内疚。如果家长再对他冷嘲热讽，甚至拳脚相加，就会严重挫伤孩子的自尊心，孩子会"破罐破摔"，越来越差。这时家长应关心、体谅孩子，对他说人人都会犯错，只要知错就改，下次不犯就行了。这样，孩子会排解消极情绪，越来越自信。

第十一节　"惩罚"孩子要有智慧

孩子在成长过程中都会犯错，但是很多家长在孩子犯错之后不知道怎么办，只有拥有了惩罚孩子的智慧，才能真正达到教育孩子的目的。

一、犯了错误就要惩罚

孩子犯了错误，无论有心还是无意，都要受到惩罚。比如：孩子不小心把杯子摔碎了，虽然他不是故意的，也应该告诉他，这是他的过错。他虽没有料想到自己行为的后果，但仍要为此道歉。如果他是无意的，并勇于承认错误，家长应相信他，并减轻对他的惩罚。如果他隐瞒事实、逃避责任，他将受到加重的惩罚。这样就可以从小培养孩子诚实、负责的品格。

另外，要让孩子知道做错事就要受到惩罚的道理。即使孩子央求，也不能答应取消惩罚，否则开此先例，以后就很难保证实施惩罚的有效性。

二、惩罚的"量刑"要适当

惩罚孩子是为了孩子的良性转化，惩罚的"量刑"就必须合乎孩子的行为。惩罚过重容易引起孩子的对抗情绪，轻了又不足以使孩子引以为戒。因此，惩罚孩子要以达到目的为原则，既不能轻描淡写，又不能小题大做滥用"刑罚"。

三、要依照规则进行惩罚

家长应和孩子协商制定一个奖惩规则，让孩子知道犯错后将受到什么惩罚。这样，孩子平日就会有所注意，从而减少犯错误的概率。当孩子犯错后，家长应注意调整自己的情绪，不要因一时冲动而随意惩罚孩子。若是孩子以后犯了同样的错误，也应该按规则进行和之前相同的惩罚，这样家长才能在孩子心中树立威信。

四、指明"出路"不含糊

惩罚孩子不能半途而废，应要求受罚的孩子做出具体的改错行为才能停止。家长要态度明确，跟孩子讲清楚他应该怎么做、达到什么要求或标准、否则会有什么样的后果。如孩子有乱丢东西、不爱整理的习惯，家长在惩罚时就应该让其自己收拾好东西、整理好玩具；使其明白必须要做好，否则又要受罚。家长千万不能含糊其词甚至让孩子"自己去想"。家长不给"出路"，孩子改错就没有目标，效果就不明显。

五、罚了又赏要不得

家长教育孩子要相互配合，态度一致，赏罚分明。该奖时就要郑重其事地奖，让孩子真正体会到受奖的喜悦；该罚时也应态度明确、措施果断，让其知道自己错之所在。

只有这样，才能培养孩子明辨是非、知错即改的品行。如果在对孩子实施惩罚之后，家长中的一方认为孩子受了委屈，随即又来安慰他，这将会使惩罚失去作用。实践证明：惩罚——奖励——惩罚的恶性循环会使孩子产生认知偏差，错误地将犯错和受奖联系起来，从而使惩罚归于失败。

六、及时惩罚莫迟疑

惩罚的效果部分来自条件反射，而条件反射在有条件刺激和无条件刺激之间的间隔时间越短则效果越好。所以家长一旦发现孩子犯错，只要情况许可就应立即予以相应的惩罚。如果当时的情境（如有客人在场或正在公共场所）不允许立即做出反应，事后则应及时地创造条件，尽可能让孩子回到与当时犯错相似的情境中去，家长和孩子一起回顾和总结当时的言行，使孩子意识到当时的错误行为，并明确要求他改正。

七、最忌讳讽刺挖苦

家长惩罚孩子应力戒讽刺挖苦，更不能自恃"孩子是我生的、是我养的"而随意用恶毒的语言指责、谩骂孩子。实践证明，讽刺挖苦和恶语谩骂已超越了孩子的理智能够接受的范围，将会刺伤孩子的自尊心。因此，家长应该牢记惩罚孩子的目的是帮助他改正错误，决不是为了刺激孩子心灵中最敏感的角落——自尊心。有些家长在惩罚孩子语言不文明、满口脏话时，自己也"出口成脏"，这就使得训教效果大打折扣，甚至失去说服力。

八、点到为止莫唠叨

有些家长训教孩子喜欢没完没了，而且还时不时地喝问孩子："我的话你听见了没有？"孩子慑于家长的威严，为了免受皮肉之苦，只能别无选择地说"听见了"，其实他可能什么都没听进去，甚至左耳听右耳出，根本就没听。孩子之所以说听见了，只是顺着家长的意思，为了早点结束训斥。于是，当孩子下次再犯同样的错误时，家长便感到"痛心疾首"，随即说孩子"不把我的话当回事"，当成了"耳边风"，说孩子"不听话"。其实这是因为家长的唠叨太多了，令孩子分不清主次，不知道听哪一句为好。再者，经常性的唠叨多了，也会导致孩子"失聪"，对家长的话产生教育心理学中的"零反应"，无动于衷，使训教失去效果。因此，家长在教育孩子时务必切记要改掉爱唠叨的毛病，凡事点到为止。

九、就事论事莫牵连

从受罚者的角度来讲，孩子最厌恶家长"翻旧账"，一事既出又将陈年老账翻出来。很多家长却不了解这个道理，训教孩子时总忘不了东拉西扯、横牵竖连，说出孩子的种种不是，甚至将孩子说得一无是处，直至忘记了本次训教的主题。孩子怎样想呢？反正自己没有一处是对的，以前取得的成绩、改正的缺点家长都看不到，自感自己天生是挨训受罚的料儿，对改错失去了信心，也就破罐破摔、我行我素，这样的教育效果可想而知。所以，家长训教惩罚孩子务必要一事一议，就事论事，切勿搞牵连、翻陈账。

十、事后说理不可无

家长和孩子之间存在着教与被教的关系，但教育孩子仍当以理服人，惩罚只是手段而不是目的。因此，惩罚之后必须要及时与孩子说理，否则，孩子在忍受了惩罚之后将依然如故。所以，家长在惩罚孩子后要通过说理、剖析的方式使他明白为什么会受罚、知道犯错误的原因、讲清楚如果坚持犯错下去将有什么后果。惩罚只是一种劣性条件刺激，其效能是短时的，不能持久。受罚的孩子改正了错误并不等于他已明白事理，并不能保证他下次不会再犯。因此，让孩子明白自己受罚的原因才是根除错误的关键，说理是惩罚孩子之后不可或缺的一个重要步骤。

第十二节　如何让孩子做家务

哈佛大学学者曾经做过一项长达二十多年的跟踪性研究，得出一个惊人的结论：爱做家务和不爱做家务的孩子，成年之后的就业率为15：1，犯罪率是1：10，离婚率和心理疾病率也有很大的差别。做家务对孩子有哪些好处呢？

一、锻炼和发展孩子的动作技能

家务劳动对成人来说是轻车熟路，但是对于孩子来说却是挑战，尤其是年龄小的孩子，因为他的动作技能尤其是精细动作不是很发达，他需要统合他的各种动作技能来完成某项家务劳动。

二、促进孩子认知能力的提高

家务劳动往往整合了很多认知技能，有分类的能力、对数字的概念，还有颜色、形状，等等。比如五六岁的孩子刷碗、刷盘子，刷完之后他要分类来放，同时他可以说出刷了三个盘子，四个碗，这又是一种数字的概念。包括碗的颜色是什么，形状是圆形的还是椭圆形的。

三、增强孩子独立生活的能力

家长总说孩子独立性差，其实是家长剥夺了孩子锻炼的机会。不管孩子多小，他都是一个独立的人，需要有独立生活的能力，力所能及的家务劳动对培养孩子独立生活的能力很重要。

四、培养孩子的责任感

在家庭中，家长应该有意识地让孩子感受到他也是家庭当中的一分子，有责任和义务为这个家做些什么，擦桌子、洗菜、扫地这些家务劳动是他的义务，而不是帮别人干活。要让孩子感到自己是有用处的，这样就会让他产生自豪感和责任心。随着年龄的增长和社会接触面的扩大，这种责任心和自豪感会不断地增长和扩大。

当然，父母让孩子做家务，孩子总是不配合且抱怨，一个很简单的原因在于，孩子认为父母总是有数不清的家务事要他们去做。做个深呼吸，切实实施一些方法来减少孩子的抱怨。

如何让孩子做家务呢？

①让孩子知道，这些家务事不是他可以选择的，而且你要试着去忽略他的抱怨。告诉他——去做就对了。

②使用的技术。举个例子，父母说："请你去倒垃圾。"孩子争论："为什么我要去做这里所有的事情？这不公平！"父母可以平静地反应："请去倒垃圾。"然后孩子又说："为什么妹妹不用做任何家务事？"接下来父母再回应他："请去倒垃圾。"最后，孩子会从经验中学习到，和父母讨价还价是没有用的，他最后还是得去做。

③也许要给孩子换其他家务事。通常，如果孩子每天都

在做一样的事情，他们会觉得很厌烦，这些事情变得烦琐又单调。换家务事也许会带给你，也带给孩子一些乐趣。把家务事列出一张明细表，观察换其他家务事是否可以提升孩子对家庭责任的态度。

④邀请孩子坐下来跟你谈一谈。向孩子宣布你要回顾家务事的内容，写下家里所有的家务事以及负责每件家务事的人的名字。你刚开始可以这么说："好，我们来看买菜的工作是谁负责的？那是我。付账单是谁呢？也是我。做晚餐？是我。洗衣服？是我。送你去踢足球？是我。修理汽车？是我。丢垃圾？嘿！那是你的其中一项！"孩子看到无止境的家务事清单以及你的名字，那么他会突然感觉到自己负责的三件家务事好像是很容易去做的。

⑤当你和孩子两个人心情都很不错的时候，可以和孩子好好谈一谈，告诉孩子他对家庭的贡献有多么重要。跟他解释我们是家庭团队，要一起处理家里的家务事。真诚地要求他的帮忙也可能是解决他抱怨的一种方法。和孩子脑力激荡地一起做计划，让他不再抱怨。在闲谈当中，你可以看到孩子所做的努力。在这个时候很关键的一点在于，要去称赞他并且表扬他令人愉快的态度。

第十三节　中国孩子的烦恼

中国的父母往往苦口婆心、望子成龙，中国的孩子从小背负的精神压力远远大于其他国家，有 10 种烦恼，在中国孩子身上体现最多，本文列举这些烦恼，以便引起家长的注意。

一、家庭不和

大人不懂得谦让，经常互相责怪。其实，无论是父母吵架，还是父母和老人不和，对于孩子来讲都是心理上的电闪雷鸣、雨雪交加，但苦于自己年龄尚小，无能为力，只好躲在角落里暗自抽泣。

和谐的家庭气氛对于孩子的成长，就像充足的阳光和水分。父母的关系就是孩子的天气，孩子的心灵还很稚嫩，恶劣的天气不仅妨碍孩子身心的健康成长，往往还会留下终生的心理阴影。构建温馨、互爱的家庭，是父母对孩子应尽的责任。

二、父母失信

许诺的事情不认账或者大打折扣或者无限期拖延，甭管孩子多盼望，盼了多久。

父母的失信有两个明显的消极影响：其一，父母的威信大打折扣，而父母的威信是教育的基础；其二，父母的失信行为给孩子树立了消极榜样，你说话不算数，很难要求和指望孩子说话算数，只要你无法完全监控，孩子随时存在失信的可能。

三、不被尊重

建的模型被扔掉，贴的墙画被撕烂，养的小动物被送人或吃掉。自己做了糗事，父母逢人便讲。

父母不被尊重，很大的原因就是因为他们自己在小时候也没有受到父母的尊重。不懂得维护孩子自尊心的父母是最失败的父母。

四、不容申辩

没有申辩的机会，若执意申辩，就被视为顶嘴犯上，必遭严惩。

这是封建家长制的典型表现，是平等、民主精神的反面，害莫大焉！试想，假如孩子已经习惯了适应不公，假如孩子除了寻求许可就再也没有什么自己的主意，我们挚爱的孩子将如何面对他们的生活呢？培养一个理性并敢于发表自己意见的孩子远比保住大人的面子重要。

五、缺乏宽容与理解

我们还小，思维能力和身体能力都不成熟，很多时候犯错、闯祸远非我们本意，但是我们得不到应有的宽容和理解。

中国人普遍缺乏尝试精神，很大的原因就是因为幼年时期，尝试失败不被宽容和鼓励，从而不敢尝试。建议父母宽容孩子无意的过失，鼓励孩子尝试心中的想法，虽然未必成功，但是孩子会从中获得成长的机会。

六、父母包办

无论是穿衣服、安排时间，还是交朋友、选报兴趣班，都不能自己做主。大人的解释永远是：孩子懂什么，这都是为您好。

父母包办的现象在中国十分普遍，要么是父母放心不下，要么是认为自己的想法才是正确而重要的。其实，即便孩子再小，也是一个人，他们的兴趣和感受需要受到尊重，他们应该有一定范围内的自主权，只有给他们自己做主的机会，他们才能发展自己的个性，才不至于毫无主见。对于交朋友，我们应该给他们原则性的指导，但是最好不要具体地干涉，其实，什么样的朋友有什么样的好处，学习不好的朋友可能胆子大、脑子活，也可以丰富孩子的性格，我们成年人不也是什么朋友都要有吗？

七、语言伤害

大人口不择言，殊不知，"良言一句三冬暖，恶语伤人六月寒"，如果你不是孩子，就永远不能体会到被父母责骂、贬低的滋味。

即使是面对自己的孩子，说话也不要毫无选择，孩子年龄越小，他们对于父母的评价就越依赖，消极的评价、恶劣的情绪对孩子的伤害是很大的。其实，同样一句话，用善意和鼓励的方式，比指责和贬低更能发挥积极的效果。

八、学习考试

学习生活化，生活学习化，没有应有的童年自由和乐趣；考得好了怕自己骄傲，考不好"今夜有暴风雪"。

父母对孩子优异成绩的渴望是可以理解的，但问题是，如何才能真正帮上孩子。事实上，大部分父母对孩子的要求和督促，并没有起到效果，费力不讨好。

九、没有隐私

日记被看、书包被翻是家常便饭，为了完全监控孩子，父母大人逢强智取，遇弱强攻，还美其名曰：上级审查。

讲一个故事，有一个女孩，父母怕她谈恋爱走弯路，形影不离，没收了手机，上学放学父母轮流护送，女孩回家就被锁在房间里。女孩为此产生了极大的抵触情绪，要给大人一点"颜色"看，结果就是在父母看管最严的时候，女孩怀了孕。记者采访时，女孩说："手机上交，我可以借同学的。我有家里的钥匙，他到了我家楼下，电话打给我，我就从窗口把钥匙丢下去。他到我家开门，然后我就出去了。父母把我反锁在家里根本没效果。他们越这么'关押'我，我就越要给他们点颜色看，我怀孕就是给他们的'颜色'，是他们'逼'出来的。"这是现实中一个让人十分痛心的真实故事。且不说这种方式是对孩子的不尊重，就事情本身而言，看管和监控，不仅无效而且是危险的，所谓"不塞不流，不止不行"。

那么，不监控，怎么办呢？最有效的方式，就是树立孩子正确的价值观。简而言之，父母能做的是教会孩子选择，而不是监控、替代和强迫孩子选择。

十、被怀疑和冤枉

作文得了高分被怀疑抄的；花瓶碎了，钱少了，比自己小的弟弟妹妹哭了，被冤枉是自己干的；自己出于好心做一件好事，做砸了，或者还没做完，就被误以为淘气狠批一顿。

没有调查就没有发言权，即使孩子淘气、不懂事，我们在弄清真相之前，也应该把疑问藏在心里，不要轻易兴师问罪，被怀疑和冤枉的滋味可不好受，这样的行为是对孩子极大的不信任和不尊重。想想我们被朋友或者领导怀疑和冤枉的滋味，我们就知道孩子内心多苦恼了。

第十四节　每天四句话，教育变简单

教育孩子有的父母觉得异常复杂，常常是为了教育孩子把自己弄得焦头烂额的。而有的父母则能轻松应对育儿这个大问题。曾经有这样一位父亲，每天对孩子的教育仅限于跟孩子提几个问题。

这位父亲对女儿的教育方式比较独特，他从来没有辅导过女儿做功课什么的，就是每天回来跟女儿聊十分钟，只聊四个问题，就完成了他的家庭教育。这四个问题是：

①学校有什么好事发生吗？

②今天你有什么好的表现？

③今天有什么好收获吗？

④有什么需要爸爸/妈妈帮助的吗？

看似简单的问题其实蕴含着丰富的含义。

第一个问题其实是在调查女儿的价值观，了解她心里面觉得哪些是好的，哪些是不好的。

第二个问题实际上是在激励女儿，增强她的自信心。

第三个问题是让她确认一下具体学到了什么。

第四个问题则有两层意思：一是我很关心你；二是学习

是你自己的事。

就是这简简单单的四个问题，包含了很多关爱关怀，事实上证明也很有效。

在教育理念中，要把孩子教育好，最关键的就是亲子关系要处理好。如果家长在孩子心中建立起绝对的信任，孩子相信家长无条件地爱着自己，相信家长所有批评、表扬的出发点都是为了自己好，如果孩子在潜意识里对此达到完全相信，那么这种关系就是良性的，是相互关爱、相互支持、相互理解的稳定关系。在这种情况下，所有教育孩子的最简单的事情，用苏联大教育家苏霍姆林斯基的话说就是"伴随孩子成长"。但是，现实生活中大部分的亲子关系是不稳定的，或者说是扭曲的，孩子并不能真正信任家长。

任何父母都是爱自己的子女的，但98%的家长错把爱的方式当成了爱。比如给孩子最好的东西吃，最好的衣服穿，这只是一种爱的方式，并不是爱本身。而家长们的爱也经常是有条件的，比如只要这次考试得了前三名，就带你去哪里玩，等等。

爱是一个生命喜欢另一个生命的感情，是一种平等的关系，是无条件的，是整体接纳的，是要让对方接收到的，要真正做一个好家长并不难，要教育好孩子一定要注意下面几句话：

①绝对禁止高压或打骂孩子的做法，建立平等的关系。

②真正地、无条件地爱孩子，给予孩子精神意义上的爱。

③一定要尊重孩子的独立人格。

④用正面的方法教育孩子，时常对其鼓励表扬。

⑤调整亲子关系，这是最重要的一点。

⑥要注意孩子的人格精神。

如果真正理解了以上六句话的含义，教育好孩子就是易如反掌的事情了。大道至简，教育孩子简单到这个程度就是一种境界了。上面的道理可能大家都懂，但是真正能做到的又有几人呢？孩子是要全面发展的，孩子的教育父母责任重大。

第十五节　正确批评孩子的技巧

孩子犯错了，父母有责任批评和管教，但怎样的批评才能既有作用，又不伤害孩子呢？心理专家告诉我们，在批评和尊重之间，了解孩子的承受能力，并选择适合的批评方式，会帮助父母找到平衡。

一、批评的三大原则

1. 批评的态度：批评不等于不尊重

批评管教少不得，而尚且年幼的孩子心灵也该得到保护，怎么拿捏其中的平衡呢？对于众多家长的问题，我想跟各位家长说，家长们保护孩子自尊心的意识强了，可有时，却把"对孩子的尊重"和"管教孩子"这两件事给简单对立起来了，好像保护孩子的尊严，就要放弃最基本的管教和批评。

其实，如果我们了解孩子在不同的年龄段对批评的接受方式，就完全可以根据他的承受能力，进行适当的批评。并且，在孩子做错事时，明确地告诉他"这件事你做得不对"是非常必要的，不能因为担心会对他造成伤害，就不批评、不管教。

2. 批评的目的：公平教育

如果我们本着尊重孩子的原则，来选择批评的方式，批评便是公平的。不会以大欺小地指责、谩骂孩子，也不会因为他年龄小，就放松管教，任由孩子一再犯错。最简单的批评，就是让孩子为自己的行为负责。比如，对一个四岁的孩子，应当让他知道，用硬邦邦的玩具打妈妈的头，妈妈会很痛，他也不应该用这样的方式去攻击别人。而这样的批评，并不存在不尊重或伤害。

而对孩子造成伤害的批评，往往是由于我们忽略了自己该告诉孩子的重点是什么。不要把一件具体的事，扩大到"坏"和"好"的区分，给孩子留下长远的影响。

3. 批评的方法：一事归一事

所以，在批评孩子的时候，我们只要明白自己的批评，是为了让他知道，做什么样的事会带来什么样的后果，而不是为了伤害他或给他贴上"坏孩子"的标签，就不会给孩子造成心理阴影。

我建议家长的批评一定要针对具体的事情，比如，孩子回家后又忘记洗手，我们应该告诉他，我们每个人回家后都要洗手，不洗手是不对的，而不要扩大到其他事情上。而当孩子的错误举动涉及人际关系时，最理想的方式是用两个步骤去"完成"一次批评——先把自己对于孩子某个行为的感受直接告诉他，然后，平静地告诉他，你知道他是一个好孩子，只是这次做错了。

掌握以上批评的三个原则，学会批评孩子，掌握批评孩子的技巧，是做父母必修的重要课程之一。

二、批评孩子有以下六个技巧：

1. 批评孩子要注意时间和场合

批评孩子尽量不要在以下时间：清晨、吃饭时、睡觉前。

在清晨批评孩子，可能会破坏孩子一天的好心情；吃饭时批评孩子，会影响孩子的食欲，长此以往会对孩子的身体健康不利；睡觉前批评孩子，会影响孩子的睡眠，不利于孩子的身体发育。

批评孩子不应在下列场合：公共场所、当着孩子同学朋友的面、当着众多亲朋的面。孩子的自尊心往往很强，在公开场合批评孩子，会让孩子感觉很没面子，会打击孩子的自信心，还可能会让孩子对父母心怀不满甚至心生怨恨，会影响父母同孩子之间的感情。

2. 批评孩子之前要先让自己冷静下来

孩子犯了错，特别是犯了比较大的错或者屡错屡犯时，做家长的难免心烦意乱，情绪波动会比较大，很可能会在一时冲动之下对孩子说出不该说的话，或者做出不该做出的举动，这些都可能对自己和孩子产生极为不良的影响。

因此，不管孩子犯了什么样的错误，在批评孩子之前，家长一定要强迫自己冷静下来。只有冷静，才能对孩子所犯错误有一个客观公正的评判，才能有利于问题的解决，才能帮助孩子找出犯错的原因和改正错误的方法。

3. 批评孩子时要给孩子申诉的机会

导致孩子犯错的原因是多种多样的，有孩子主观方面的失误，也有可能是不以孩子的意志为转移的客观原因造成的。从主观方面来说，有可能是有意为之，也有可能是无心所致；

有可能是态度问题，也有可能是能力不足；等等。

所以，当孩子犯错后，不要剥夺孩子说话的权利，要给孩子一个申诉的机会，让孩子把自己想说的话和盘托出，这样家长会对孩子所犯的错误有一个更全面、更清楚的认识，对孩子的批评会更有针对性，也让孩子能心悦诚服地接受自己的批评。

4. 批评孩子之前可先进行自我批评

父母是孩子的第一任老师，孩子所犯错误，父母或多或少都负有一定的责任。在批评孩子之前，如果父母能先来一番自我批评，如：这事也不全怪你，妈妈也有责任；只怪爸爸平时工作太忙，对你不够关心；等等，会让家长和孩子的心理距离一下子拉得很近，会让孩子更乐意接受父母的批评，还可以培养孩子勇于承担责任、勇于自我批评的良好品质，一举多得。我们做父母的，又何乐而不为呢？

5. 父母在批评孩子方面要形成"统一战线"

中国有句古话叫"严父慈母"，很多家庭至今还沿袭着这一传统，父亲和母亲，在教育孩子方面，一个唱红脸，一个唱白脸，其实这对孩子的成长是不利的。因为如果这样，当孩子犯错后，他们所想的不是如何去认识和改正错误，而是积极去寻求一种庇护，寻求精神的"避难所"，他们甚至可能因此变得肆无忌惮，为所欲为。

所以，当孩子犯错后，父母一定要旗帜鲜明，保持高度一致，形成"统一战线"，共同努力，让孩子能正视自己所犯的错误并努力去改正自己的错误。

6. 批评孩子之后要给孩子心理上一定的安慰

孩子犯错后，情绪往往会比较低落，心情往往也会受到影响，父母在批评孩子后，应及时给孩子一些心理上的安慰，从语言上来安慰孩子，比如说些"没关系，知道错了改正就行""我知道你是个聪明的孩子，自己会知道怎么做""爸爸妈妈也有犯错的时候，重新再来"之类的话。也可以从行动上安慰孩子，比如，握握他们的手，拍拍他们的肩，或给他们一个微笑、一个拥抱，等等，这样就会让孩子感到，虽然他们犯了错，但家长还是爱他们的，也还是信任他们的，他们会对家长充满感激，也会对自己充满自信。

第十六节　家长带给孩子正能量的话

自信，是你靠眼神传递给孩子的一种力量，是你能够为孩子添加的一双翅膀。要让孩子有接受挑战的勇气，不畏挫折的决心，关键就在于培养孩子的自信心。

要培养孩子满满的自信并不难，你只需记住 10 句话。但是，这也许很难，因为它需要你的坚持，最终你会发现语言有着神奇的魔法效力！

一、我能看到你的好

人与人对话的过程中，很多信息是通过眼神传递的，而且这种目光信号是人们不容易控制的。所以，孩子完全能够从父母的眼中读懂那些没有被说出来的话。

因此，如果你偶尔对孩子投以不太明朗的目光是可以理解的，但是如果你的眼睛里只有孩子的缺点，那么就会对他产生不好的影响。有时候，换一个角度看孩子，让你的态度适应孩子的脾气和方式，也许你会发现，其实没有什么大问题。

二、我们在你身边

孩子需要有被父母保护、不会有可怕事情发生的感觉。但是另一方面，父母也应该让孩子知道，他们不是万能的，不能将所有的危险和不友善的眼光带走。

因此，你们的任务就是帮助孩子一天天地学会更好地照顾自己，学会面对风险，避免陷入可预见的困境当中。只有这样，孩子才能学会面对真实的生活。

三、我理解你

孩子生活在自己的感觉和幻想当中，这是成年人难以进入的，因此理解孩子变得困难起来。但是，让孩子相信父母理解他和他的行为是好的亲子关系的基础，因此我们还是要努力。

理解并不意味着将冲突、错误、缺点掩盖起来。你应该让孩子认识到自己的错误，引导他去思考和改变。但是你也应该调整自己的观念，告诉孩子大部分的错误都不是因为性格或品质上的缺陷，而是他还缺乏经验。孩子就是孩子，所以他会在游戏中作弊、欺负小妹妹、不让别人动他的玩具。但是在你的帮助下，他终有一天会处理好各种情况。

四、我们谈谈你的感受

孩子的感情丰富，情绪波动剧烈，他常常自己都不清楚心里为什么不舒服。总之，就是不高兴。因此，你最好的对策就是将孩子的乖张感觉当作正常表现，不要反感和反应强烈。

虽然你不能完全明白他的心思，但是你认为他的激动或伤心是可以接受的，对他来说非常有益。暴风雨过去之后，你可以通过与孩子交谈，帮助他理解和识别刚才的感受，并且找到解决办法。

五、你行的!

孩子对掌控未来生活方面的信心，很大程度上来自于父母的信任感，它会使孩子相信，自己必将越来越灵巧、越来越专心、越来越强大，哪怕这当中要经历很多的失败。所以，你可以经常带着孩子乐观地展望未来。

此外，你们还应该经常以积极的态度回顾过去。"你还记得你学骑车吗？你摔了很多次跤，但是现在你骑得多好呀。"孩子越多地联想到具体的、积极的经历，其自信就会越发地增强。

六、你可以尝试改变

"在我小的时候，我经历过很多疼痛的手术，然后一年又一年地躺在床上。我每天都写故事，然后把它们寄给著名的《希区考克推理文学志》。被退回来的文章我就把它挂在墙上的钉子上，后来到我 14 岁的时候，钉子已经承受不了退稿的重量。因此我按妈妈的建议，把它们挂在钩子上，然后继续写。"这是全世界最会说故事的鬼才、畅销书作家史蒂芬·金少年时的故事。我们可以看到动机和耐性的力量，而且如果没有感情丰富而又意志坚强的妈妈，多病的史蒂芬会少了很多期望。

七、我们原谅你犯错

"尝试——错误——再尝试"是孩子成长过程中最正常的反复，所以我们也应该不断地提醒自己，接受孩子的错误是非常自然的事情。

但是遗憾的是，我们在实际生活中没有这样宽容地对待孩子。杯子摔碎了，手工作业没有做好……你可以对他笑一笑，轻松对待。如果你不允许孩子出错，那么他就会越来越紧张，慢慢地用沮丧的眼光看世界。

八、我相信你可以管理好自己

随着孩子年龄的增长，你应该慢慢地给他些权利。比如他的房间他自己说了算，他的零用钱可以由他自己支配一部分。让孩子明白什么叫作"我决定，我负责"。

当然，"管理"还包括另外一层意思，他有义务每天早晨叠好自己的被子，每天晚上将玩具放回橱里。另外，孩子也可以对自己的时间进行支配，比如在父母的同意下去好朋友家过夜。

九、你会和别人相处得很好

孩子需要与他人交往，并且在这个过程中运用和更新知识、经验、感受能力、自我控制力、幽默感等，和爷爷奶奶怎么说话，对老师用什么态度，什么时候可以开玩笑，什么时候必须严肃，好朋友打架了该怎样劝……这些经验都是孩子从你、家、你们周围的世界中模仿而来的。

所以，鼓励孩子走出去，告诉他要用友好、尊敬的态度对待别人，并且在需要的时候成为他坚强的后盾，这是你的责任。

十、这些事你可以自己做做看

与其不断地指导孩子如何去做，不如给他勇气，让他自己去做。过多的指令会让他无助且懦弱。

所以，随着孩子年龄的增长，你可以放手让他独自准备简单的水果、切蛋糕、去报亭买报纸。而且，从某一个时间开始，你可能不再知道孩子所有的事情，因为孩子也需要有秘密，只有这样，他们才能长大。

第十七节　别让青春变成"禁果"

每个人都走过青春期，这个阶段，对世界、对自身、对性的好奇同样是每个人都上过的"必修课"。只不过有人上得认真，有人上得懵懂，有人在错误的老师的错误引导下学出了偏差。而这门功课最好的老师，是家长。在网络资讯发达的今天，如何引导孩子正确了解性知识、抵制不良性资讯的诱惑？

初中生偷看色情图片，在目前是具有一定普遍性的现象，这种现象的产生是内外因共同作用的结果。外因是当前高度发达的网络资讯，随便打开电视，也许就突然冒出俊男美女激吻的画面，更不用说各种口袋书、淫秽网站、不良刊物……面对这些五花八门的诱惑，别说是刚刚迈入青春期的孩子们，就算是成年人也难免要动摇一下。

成年人毕竟经历较丰富，大部分可以理智分析，排除不良资讯的干扰而正常生活；而未成年人则拥有更多的好奇心和更少的自控力，加上多半未成年人接触这些信息时都必须避着家长，这种偷偷摸摸的感觉，会让孩子看这些东西的时候，感受到加倍的刺激和兴奋，因此就更容易上瘾。

上帝让亚当、夏娃不要吃禁果，他们就偏要吃；天神让潘多拉不要打开魔盒，她就偏偏忍不住，这就是所谓"禁果心理"。我曾接触过不少有这方面问题的未成年人，在接触中发现，对多数孩子来说，那种偷偷摸摸、拥有自己小秘密的刺激感，才是让他们沉迷的原因。

遇到此类问题，家长应该怎样引导呢？

一、切勿简单粗暴

青春期的孩子都有一颗易碎的"玻璃心"，纤细敏感，因此最忌简单粗暴的批评教育。

"不要脸""下流"……在与"性"相关的敏感话题上，家长过分的批评责骂，甚至侮辱打击，很容易在孩子心灵上留下难以抹去的伤痕。

有过这种经历的孩子，要么变得退缩畏惧，对性产生恐惧感，不利于未来的人际交往和婚姻生活；要么在逆反心理的影响下，恼羞成怒，破罐子破摔，"你说我不要脸，那我就不要脸给你看"！这都是家长不想看到的结果。

二、不必讳莫如深

有些家长很怕刺激到孩子，平时就对与"性"有关的话题讳莫如深，提都不敢提，即使发现孩子有某些可疑迹象，也只能憋在心里，自己担惊受怕，越想越可怕，其实大可不必如此。

家长平日里就要适当地和孩子做一些这方面的交流，不必刻意，不必全面，只需要给孩子营造出一种即使是和"性"有关的事，也能和父母商量的氛围即可。如果平时从未涉及，一下子要和孩子讨论这方面的问题，那么不但孩子会尴尬，家长本身也很难开口。

三、做好知识储备

说到"性知识"，我们都以为家长是过来人，懂的一定比孩子多，其实往往是小瞧了孩子们。

已经成为爸爸妈妈的这一代人，在小时候所处的基本是比较保守甚至落后的教育环境，没有接受过系统的性教育，很多人即使结了婚生了孩子，对性方面依然是一知半解。这样的家长，要和孩子谈心论"性"，恐怕反而会被孩子看不起。

所以，在和孩子开始"性"话题之前，请家长们先做好相关的知识储备，购买一些正规的性教育书籍和孩子分享是一个不错的选择。

四、"禁"不是办法

对于孩子偷看色情图片、书籍甚至影片，绝对禁止并不是最好的办法。我们的口号是"限""转""导"。

"限"就是限制。上网的时间及范围、手机的使用都应有所限制，可以告诉孩子，他们有学习各种知识的自由，但是必须以保证正常的学业和生活作为前提。这些可以用科技手段来达成，是最基本的，也是必需的。

"转"就是转移。多带孩子出去接触人群，鼓励孩子参加各种体育锻炼、学习各种他们感兴趣的技能，转移他们对"性"的注意力和渴求。

"导"就是引导。为孩子提供正确的系统了解性知识的渠道。告诉孩子，对"性"的好奇是正常的，但是了解了并不代表现在就要去实践。

在处理"性"的相关问题的时候，必须谨慎克制，既要保护自己，也要保护别人。特别是对女孩子的自我保护教育非常关键。

给家长的建议就是这些，如果家长觉得自己做不到的话，也可寻找有经验的亲戚朋友来给孩子上这一课，或者向专业人士求助，这些都不失为一种可行的方法。

第十八节 家长五招克服孩子磨蹭

孩子做作业时精力不集中，写着写着就停，不知在想什么，写作业时的多余动作特别多，比如说找橡皮。刚刚学过的有印象的字还要照着书看着抄下来，这一遍写完了，下一遍还是照着抄，不能连续地写。写作业不能独立完成，要有家长督促。

再有就是字写得不好，写字不认真，找不到感觉，让他练字还不愿意，抵触情绪严重。不只是语文字写不好，英语和数学也是这样，数学有几次因为字迹潦草，会做的题也因看不清被判错，平时因为写字慢，作业完不成，被老师留下来的次数也不少。

对于孩子的磨蹭，提出如下解决办法：

一、一分钟专项训练

1.训练孩子专心做题

准备几十个简单的加减法口算题（根据年级不同，难度可以不同）。规定一分钟，看孩子最多能做多少道题。让孩子感觉到一分钟都能做十多个小题，而自己写作业的时候，有时候几分钟也写不出一个小题，这样的对比，有助于孩子克服磨蹭的毛病。

2. 一分钟写汉字训练

找一些笔画和书写难度相当的生字，看孩子在一分钟内最多能写出多少个字。记下每次的情况，并进行对比。

3. 一分钟写数字训练

一个孩子的数字书写特别差，而且非常慢。这学期，数学老师让他每天练习一分钟"0123456789"的快速书写。写一分钟算一次，看一次能写几组，他给我看了最近几天的练习成绩，原来一分钟最多能写5组，现在最多可以写9组，而且写得越来越工整。

以上训练让孩子体会到时间的宝贵，原来一分钟可以做很多事情，应珍惜时间。同时也提高孩子的写字速度和做题的速度。训练时以一分钟为一组，每天练习三至五组。在训练的时候注意记录孩子的成绩，并进行对比，练习时间以一星期为宜。

二、停止催促，坚持表扬

孩子做事情磨蹭的时候，很多家长喜欢不断地催促，结果感觉越催促，孩子的动作越慢，家长就越生气。如此，孩子做某件事情的速度快，我们不妨表扬他。如刚开始可以给孩子出几道简单的题，给一分钟或两分钟时间，孩子会很快做好，家长要装做大吃一惊状呼道："还不到一分钟呢！"总之，很夸张的样子。随时观察孩子在生活中的表现，对做得快的事情立即表扬，如"现在穿衣服快多了！""现在收拾书包快多了。"……但千万不要说成"现在穿衣服快多了！如果写作业也这样快就好了"。只表扬，不提孩子做得不足的地方。通过表扬，会激发孩子内在动力。

三、节约的时间由孩子自由支配

很多家长喜欢给孩子布置一些额外的作业，比如孩子完成了老师布置的作业，家长会布置读英语，孩子刚读完英语，家长又安排做奥数题，等等。总之，家长给孩子安排得相当充分。孩子也看出问题所在，那就是，只要自己有空闲时间，家长就会安排任务。所以，孩子的对策是，化整为零，在写作业的时候边写边玩。这样拖很长的时间，由于老师布置的作业没有完成，家长也不会另外安排任务。孩子在写作业的过程中就玩了。

对策：把每天老师布置的作业做一个大概的时间估计，将孩子需要完成的任务（包括家长布置的任务）进行一个时间预计。一定要给孩子留下休息的时间（自由支配的时间）。如一共要一个半小时，那么孩子一个半小时（甚至提前保质保量地）完成了，余下的时间就必须由孩子自己支配，比如玩他喜欢的玩具，或者打一会儿游戏，进行一会儿体育锻炼等。就是做孩子喜欢做的事情。养成这样的习惯以后，孩子会抓紧时间完成作业，因为早写完就有很多时间玩了。

四、从生活习惯训练

从生活习惯抓起，先给他规定时间，要求他在规定时间内完成自己要做的事。一位家长说，她女儿早上起床穿一双袜子要十分钟，孩子在床上把袜子理呀理，理得家长冒火。什么吃饭、穿衣、洗漱等，都尽量地拖时间。

对策：通过训练缩短孩子生活自理行为的时间。比如和爸爸妈妈比赛穿袜子，看谁更快。在比赛之前先教孩子穿得快的方法，手把手地训练。家长在比赛时，可以故意放慢一点速度，让孩子觉得有取胜的可能。甚至有时候故意输给孩子，让孩子觉得自己能做得快。让孩子在生活中做事快，在学习中才会快起来。

也可以计时完成某一件事情，规定时间完成就表扬或记一个"★"；得够二十个"★"可以满足孩子的一个愿望。

五、规定时间内没有完成立即停止

有些孩子写作业拖延时间到晚上十点，减少了睡眠时间，导致第二天上课没有精神，降低了学习效率。周而复始，造成恶性循环。这时，我觉得可以给孩子确定一个作业完成的最后时间。要保证孩子十个小时的睡眠时间，很多家长规定孩子九点钟上床睡觉。所以到了晚上九点，孩子的作业还没有完成，就不再写了，要求孩子必须睡觉。作业没有完成，就会受到老师的批评。以后，孩子就会抓紧时间完成作业。这个是狠招，家长要具体分析孩子的作业量，有时候老师布置的作业超标了，就不能用这个办法。不到万不得已，不要使用这一招。

总之，对于孩子磨蹭，家长一定要用耐心和爱心帮助孩子逐步改正，不要操之过急。要注意总结方式方法，不断提高孩子的速度。

第十九节 家庭教育中如何巧用心理暗示

常常听到家长们这样说："我们整天忙来忙去都是为了孩子""只要孩子学习好，让我们干什么都行""只要孩子省心，我们再苦再累都愿意啊""看孩子最近学习不在状态，我们很着急""我们把所有的希望都寄托在孩子身上了"……

举个例子，有两位年轻妈妈分别带着自己的孩子在公园里玩耍。当看到美丽的蝴蝶在草地上翩翩起舞时，两个孩子都奔跑过去，不小心摔倒了。一位妈妈赶紧跑过去，抱住孩子心疼地说："宝贝，摔疼了吧？"孩子"哇"的一声大哭起来："我好疼啊！"而另一位妈妈则站在一旁，淡淡地说："好孩子，没关系，自己爬起来。"这位孩子若无其事地爬起来，又继续奔跑着玩去了。同样是摔跤，为什么一个孩子显得脆弱娇气，而另一个孩子却表现得坚强勇敢？这跟两位家长不同的表现有关。前一位妈妈紧张不安的态度在暗示孩子，摔跤是很疼痛的，从而在心理上增加了孩子的疼痛感；而后一位妈妈则用平和的态度在暗示孩子，摔跤没关系的，从而使孩子感到不疼，若无其事地爬起来继续玩耍。

一位工人下班后被锁在"冷库"里，第二天被人们发现时已经被冻死，而令人惊奇的是，那天根本就没通电，冷库里只是常温！在华沙，一群儿童在嬉戏，一个吉卜赛女巫托起一个小姑娘的手，看了看说："你将会世界闻名！""预言"应验了，这个小姑娘就是后来的居里夫人……你或许听过以上这些故事，但未必会去想其中的道理。其实，世上没有什么预言，是女巫给了居里夫人积极的心理暗示，即一种"成功"的信念；那位工人则是自己害死了自己，望着被关死的铁门，心想："完了，这里零下几十度，我肯定要被冻死了！"这就是"心理暗示"，它能引导人走向成功，也能"置人于死地"。据调查，有很多在品质、意识、智力各方面都有杰出表现的人，年幼的时期都感受过来自他人的积极暗示。

那么，在家庭教育中，如何巧用积极心理暗示呢？

一、捕捉细节

在赏识中长大的孩子，将来容易爱人爱己。赏识好似一道阳光，能给人带来温暖和希望。所谓赏识，就是充分赞许孩子，通过积极暗示，不断培养其自尊心和自信心，从而使其有勇于进取的信心和不断进取的动力。

当孩子的考试成绩不理想时，可以这样对孩子说："从你的卷面来看，你很认真地对待这次考试，字写得很漂亮，让我们一起来看看还有哪些方面可以做得更好。"细节，最容易感染人。细节，需要被发现，更需要感情。爱的细节每时每刻都在我们身边，看你有没有发现，会不会被抢走不能保留。所有的孩子天资不同，个性迥异，但有一点是相同的——渴望听到喝彩，渴望被人赏识。

二、选择契机

在肯定中长大的孩子，将来容易充满自信。积极暗示对于童年期的孩子来说，就像是"画龙点睛"。积极的暗示带给孩子的是积极的认识和体验，能帮助孩子稳定情绪、树立自信心及培养战胜困难和挫折的勇气，使孩子无形中养成良好的道德认知和行为举止，以及坚强的情感意识。当孩子在学习方面对自己没有信心时，家长们可以做个有心人，多发现孩子身上的闪光点，并给予及时肯定。可以这样和孩子交流：

"最近我发现你在语文这门学科上面下了不少功夫，如果你能坚持下去，相信要不了多久语文成绩会慢慢提高的，你愿意试试吗？"或者这样对孩子说："我们能看出，这些日子你在学习方面已经很努力了，也许暂时成绩还没有明显的进步，但是我们相信以你现在的学习劲头，你一定能行！加油，我们支持你！"以上这些话语会让孩子感受到自己的付出被肯定和认可，他们会感觉到有一股强烈的动力，以更好的状态投入到学习中，同时也能增强自信心。孩子是多么需要你们给他的评价！表扬、赞美是一种爱的语言，也是一种积极的心理暗示，它犹如生活中的玫瑰一样，给人不定期带来许多美好的感受。爱的语言能照亮所有听到它的人，它像穿过乌云的太阳，带给人们温暖。爱的语言能激励每一个与众不同的孩子，使他们身上的闪光点发扬光大。

三、走进心灵

在关爱中长大的孩子，将来也会有爱心。积极暗示最大的特点就是"暗示"，在潜移默化、不知不觉中影响孩子稚嫩的心灵。暗示用得好，就像一阵润物无声的细雨，悄悄滋润着孩子稚嫩的心灵，对于培养孩子规范的举止、优良的品性、良好的习惯具有很重要的意义。当孩子情绪低落时，家长可以用恰当的方式和话语帮助孩子。可以这样和孩子交流："你看上去有心事，如果愿意的话跟我们讲一讲，或许你的心情会好些，你看怎么样？"还可以这样说："今天你从放学回来以后一直显得闷闷不乐，是哪方面遇到麻烦了吗？我们很愿意和你一起来分担你的忧愁，好吗？"以上两种问话，都会让孩子感受到自己被父母接纳、被关爱，心里很温暖。孩子的心灵就像一个容器，如果你不断贮存赏识、肯定和关爱，以及积极的心理暗示，那么，就可以使孩子在赏识、肯定、关爱中成长。

第二十节　理想的家庭教育环境是什么

1. 每个成员都有自己的地位和生活空间，并且受到尊重。尊重孩子就像你尊重其他任何人一样。

2. 每个成员都有正面积极的心态，充满信心及活力，这样就能帮助孩子发展好的心态。

3. 成员们视信任、支持和爱为家庭里的最高价值，超越一切其他事物，同样能引导孩子重视这些价值。

4. 每个成员都能勇敢地对自己的行为负责任，这样也能引导孩子学会为自己的行为负责。

5. 每个成员容许有不同的看法和做法，更敢于尝试，敢于认错。不要使别人与自己一样，这样也会使孩子变得宽容。

6. 家庭成员乐于助人，富有爱心。与孩子一同去做助人的事。

7. 成员之间互相鼓励学习，独立思考。对别人的不同或新颖想法，先听取，找出其中正面的意义给予肯定，而不是一开口就否定。这样有助于孩子多思考不同的可能性。

8. 成员们认识到每一个人的价值，包括自己的价值。这有利于孩子肯定和说出每个人的能力和对别人的贡献。

9. 成员乐于与家人分享，无论是快乐或悲愁。不要只说快乐的事，也可讨论不愉快、伤心的事。关注孩子的感受，与孩子共苦乐，以培养孩子的同理心，使其善解人意。

10. 成员们在一起所做的事，应该注重过程和意义更甚于结果。注重过程就是在乎对方的参与，肯定一起做事的意义，不要太在乎结果，这会使孩子学会如何享受生活、热爱生活，防止只注重结果的畸形心态。

第六章
父母百问百答

口里呼喊和平，但手里要有大棒。
成功的家庭教育总是让孩子的身边有一
个或几个最喜爱又最敬畏的人。

—美国总统罗斯福

1. 爸爸妈妈和老人的教育理念不一样，如何协调？

答：首先我们建议，不要因为教育孩子的问题而演变成我们对老人的不敬不孝，因为这会让家庭关系产生新的问题。其次，我们和老人沟通的时候一定要注意方式，心平气和地表达我们的观点，而不要急躁。沟通的时候不要当着孩子的面，本着为孩子健康成长的目的，争取与老人达成一致。

如果达不成一致意见，我们也要尝试接受老人对待孩子的方式，但同时，更重要的是发挥出自己作为家长的角色力量，多参与到孩子的教育当中。当父母的影响力更强的时候，孩子自然知道怎么做。和谐的家庭伦理关系对孩子的成长同样是一个非常必要的条件。

2. 孩子胆小怕生，怎么办？

答：成人熟悉的世界对于孩子来说是陌生的，孩子怕生是一种本能的自我保护。也有的孩子怕生是因为性格偏内向，对人际关系比较敏感。

家长首先要用理解和接纳的心态面对，其次再分析孩子是否平时接触的外人太少，或者有陌生人曾经过度"逗"过孩子，我们没有跟孩子及时解释，导致孩子对陌生人缺少安全感。还有我们家长自己是否也对于陌生的环境表现出很多担心和不适应，不自觉地把这种感受传递给了孩子，等等。切忌强迫孩子跟亲友问候或者进行亲亲抱抱的肢体接触，允许孩子有个自我保护的小空间，自然地以身示范，慢慢地扩大孩子的舒适圈。

3. 孩子不会分享，怎么办?

答：孩子往往都有一个阶段，以自我为中心为强烈表现，这不是我们所理解的自私，而是很正常的一个阶段。我们要理解，而不要强迫孩子必须分享。可以通过换位的游戏来让孩子感受分享的快乐。最好不要用功利交换的说教来让孩子分享，比如，只有你跟小朋友分享了玩具，他才能给你某某物品，这样带着功利心态的分享会影响孩子的发展格局。可以尝试给孩子营造有"兄弟姐妹"的环境，比如，可以经常带孩子到其他小朋友家串门，也可以相约一起外出游玩，通过家庭间的交往，让孩子有更多的机会体验分享和友爱。当孩子很想得到对方的礼物时，自己会思考用交换的方法得到。

4. 孩子拖拉，怎么办?

答：首先，我们要理智地看待孩子的拖拉现象，是否是因为我们太急躁的情绪才把孩子的正常速度定义为了拖拉。拖拉的定义是有目的地故意延迟去做某个行为，说明这个行为他不感兴趣。作为家长要想办法培养孩子在这方面的兴趣，而不是一味地要求。对于日常生活中必须做的事情，例如穿衣、吃饭、收拾书桌等，我们可以用温柔的计时方式提醒加速，而不是强硬地数3——2——1。或者定个小目标，在迅速完成任务后可以有个他期待的小奖励。家长要认识到孩子的好习惯培养一定需要一个过程，当孩子稍有进步的时候，我们要表现出非常满意，及时鼓励，强化好的行为。

5. 孩子喜欢玩电子产品，而且时间太久，如何调整？

答：首先要反思家长自身是否就沉迷于此？有的家长天天手机不离手，却要求孩子不能玩，如果是这样，是很难纠正孩子改掉的。另外，要让孩子意识到这类设备并不是不能碰，要发挥出这类设备的优势，要和孩子做好约定，把握好时间。一般一次半个小时左右，每天最多两次，否则就没收或者取消其他权利，给孩子一定的约束。家长也可以适当地陪孩子玩一会儿，看一会儿，挖掘游戏和电视节目的内涵或者不利的方面，采取不拒绝的方式，反倒容易让孩子在此类活动中慢慢地锻炼出自控力和分辨力。

6. 如何培养孩子爱上阅读？

答：家长在家里要创造适合孩子阅读的环境，首先，有专属的书架，书籍以绘本和故事类为主。也可以叫作专属的阅读区，书架上书籍的摆放注意封面朝外，封面的插图可以吸引孩子的注意力，引起孩子的阅读兴趣。现阶段阅读的书籍放在低处，期望孩子阅读的书籍放在较高处，让孩子对此类书籍产生阅读欲望。其次，购买书籍需要根据孩子年龄特点，书籍可以成套购买，激发孩子的购买欲望，以及读书的连续性。

再次，有条件的家长要陪同孩子阅读，家长读书的时候要引导孩子进入故事情节，同时体会情感的表达。让孩子在阅读中感受自己的感觉与书中情节的匹配度。孩子不喜欢读书的时候，请不要强迫孩子。最重要的一点，相信孩子天生都是爱阅读的，如果孩子还没有爱上读书，一定是我们在创设环境、态度、选书等环节需要调整。

7. 如何与孩子沟通？

答：当家长问这个问题的时候，很可能已经和孩子沟通不畅，或者沟通效果不好。家长首先要反思自己是否给孩子足够的尊重和信任？自己和孩子的亲子关系是不是平等？是不是唠叨太多？控制太多？担心太多？良好的沟通是达到教育目的的前提，否则只能是你说你的，孩子听不进去，还有可能抵触，达不到沟通的目的。所以，解决问题的第一步是要相信孩子，不要那么多的担心，多一些允许少一些限制，多一些选择的自由，多给孩子一些表达的机会，我们自己也学会倾听。不要总觉得孩子还小，什么事情都由大人做主，凡事要与孩子商量，共同确立规则，让孩子知道哪些事情可以做，哪些不能做，这样可以减少很多冲突，让沟通更加顺畅。

8. 孩子不听话时该不该打骂？

答：请你想一下是不是经常打骂孩子？打骂之后的结果如何？孩子可能短暂地达到了你的要求，让你觉得打骂有必要，但长期来看，改变了吗？结果很可能是想要解决的问题还会反复出现，让你困惑。所以，我们需要反思打骂是不是除了发泄你的情绪，并没有教会孩子自省思考的能力？并且还伤害了孩子的自尊心？如果是性格比较内向敏感的孩子，可能还会出现心理问题。当你选择打骂孩子的时候，说明你在教育孩子方面已经投降了，无计可施了。所以，当你想动手打孩子的时候，先让自己冷静下来，想想我们究竟要解决什么问题？除了最粗鲁的打骂之外，还有什么更好的方法？自己处理问题的方法是不是太单一了？尝试用代币制法，那么孩子不仅可以改掉毛病，还会生发出积极上进的能量。

9. 看到孩子不好的行为，控制不住情绪，怎么办？

答：首先，值得肯定的一点是，当你提出这个问题的时候，说明你已经开始反思了！我们要明确一点，你是否只是针对孩子的问题控制不住情绪？这主要涉及自己的情绪处理问题，可能不全是孩子的问题。因为同样一件事情，我们状态好的时候能接受，状态不好时就不能接受。作为成年人更需要觉察自己的情绪，当情绪来的时候暂时先离开一下，缓冲一下自己情绪，反思自己在担心什么，孩子的行为真的很严重吗？自己到底希望孩子怎么做？除了发脾气，还有什么方法可以解决？我究竟应该怎样帮他？孩子是你生命中的天使，当我们学会冷静下来再去解决问题的时候，成就的不只是孩子，还有我们自己的情商。

10. 孩子被别人打了，怎么办?

答：当我们发现孩子被打的时候，作为家长内心一定是非常生气的。有时候甚至会失去理智，想先帮助孩子讨回公道，抑或认为我的孩子怎么那么没出息，怎么不能打回去。所有的想法都可以接受，因为这包含了我们对孩子的爱。但是，仔细想想，即便我们现在帮助孩子讨回了公道，孩子下次遇到类似的问题，我们还要一直帮忙下去吗? 所以，我们在面对这个问题时，对孩子的安慰和理解很重要，理解他的不舒服和委屈。之后帮助孩子将事情的经过理清楚：每一步，每一个细节中，孩子的语言表达，孩子的想法，孩子做事中该承担的责任，以及再遇到类似冲突的时候，是否可以有不一样的表达语言，不一样的处理方法。在日常教育中，要告诉孩子我们不主动欺负别人，但是别人欺负我们，必须要大声制止，如果不行就要坚决回击。

11. 孩子总是动手打人，怎么办?

答：自己的孩子经常动手打人，我们的担心就是孩子的人际关系不好，不受同伴欢迎。仔细思考，其实打人是孩子解决冲突的一种方法，习惯性的模式。因为遇到问题的时候，这个办法简单有效。其实当孩子不受欢迎的时候，他内心也是不舒服的。我们要知道，打人的孩子也是人际沟通有困难的孩子，需要我们帮助孩子，引导他用语言表达自己的需求，同时学会商量事情。

最重要的一点是，孩子喜欢动手打人，家中的大人可能有示范性的效应。家长应该反思自己的行为是否有暴力倾向，同时帮助孩子建立规则意识，减少动手打人的习惯。也可以制定一个不良行为控制表格，每周几次，逐步减少，及时给予精神和物质奖励，让孩子体会到有些事可以不打人就能解决，还可以得到奖励。

12. 孩子偷拿别人东西，怎么办？

答：孩子偷拿别人东西可能有以下三点原因：一、孩子的需求没有得到满足；二、寻求刺激；三、寻求关注。建议家长首先不要给孩子的行为定义为"偷"，心平气和地与孩子沟通拿别人东西的真实原因。理解孩子后，对于孩子的真实需求要给予满足，或者物质方面，或者情感需求。不要直接强迫孩子认错，这样孩子不会自己反思反省。最后，再次表达对孩子的信任和爱，孩子依然是好孩子。对不止一次偷东西的孩子，说明制止没有效，这时就要考虑采用其他方法，惩罚是有必要的。

13. 孩子总爱跟家长对着干，不听话，怎么办？

答：这种行为通常有两个原因：一是前期无意识无原则地溺爱，然后现在想管，孩子不适应了；二是前期管得太多，现在孩子大了，有了自主意识，就开始"不听话"了。无论是哪种原因，我们家长都是要承担责任的，不能硬碰硬，让他们必须听话，也不能总找孩子的错，而是要先修正前期的"因"。除此之外，我们还要反思，孩子是不是必须要听话照做才是好孩子？以及我们大人之间在沟通的时候是不是协商交流的，是否给孩子做了正面的示范？家长不能平等沟通，孩子也很难"听话"。

14. 孩子学兴趣（琴棋书画等）班不坚持了，怎么办？

答：首先要明确"兴趣"到底是谁的兴趣，如果一开始就不是孩子的兴趣，那么，就不要强迫孩子坚持了。因为每个孩子都有自己的天赋和爱好，不一定是后天培养就能培养出来的。其次，兴趣班可能确实是孩子的爱好，但是新鲜感过去之后，孩子有个倦怠期，这其实是正常的，要允许孩子有个缓冲。适当降低标准，有张有弛，最重要的是要理解孩子，不是一味讲道理或者批评甚至惩罚。孩子往往会在家长理解他们之后做出自己真正的选择，那时候的坚持会更加主动。最后，要记得和老师沟通，排除孩子和老师之间的关系障碍，或者和同学之间的问题。

15. 孩子犯错误不承认，爱撒谎，怎么办？

答：孩子第一次撒谎不会是故意的，往往是在高压之下，为了逃避处罚，而选择了撒谎。所以，家长应当反思，当孩子犯错误的时候，我们发现后是否给予孩子足够的理解和接纳。如果我们没有做到，而是严厉地批评甚至惩罚，那么，当孩子再犯错误时很容易选择撒谎来逃避惩罚。我们要尝试从接纳原谅孩子的小错误开始，和孩子保持畅通无阻的沟通，才能消除孩子的恐惧，让孩子坦诚地面对错误。这样我们才有机会引导孩子认识到撒谎是所有人都不会喜欢的行为。

16. 孩子被同学嘲笑，怎么办？

答：孩子被同学嘲笑，心里肯定不好受。这时候最需要的是关心和理解，家长不要一上来就责备孩子窝囊，或者要替孩子出头。冷静下来帮助孩子分析事情的原因，是玩笑还是嘲笑。同时帮助孩子提升交往能力，提升孩子在同学中的威望，让孩子做好自己，证明自己不是他们想象的那样。同学关系对孩子的影响非常深远，同学压力很容易让孩子产生自卑和不重要感。所以帮助孩子学会人际冲突重点应对方式，才能给到孩子最好的帮助。

17. 没有时间陪孩子怎么办？

答：这是忙碌的家长们普遍纠结的一个问题。如果有条件我们要尽量协调出时间给孩子多一些陪伴，否则，当孩子出现问题的时候，需要更多的时间，甚至需要放弃工作来弥补。再成功的事业也无法弥补孩子成长中的缺憾。有了这样的意识后，我们要注意的就是陪伴的质量。当我们在繁忙的工作之余有了一点陪伴孩子的时间，要注意，"身心合一"的陪伴。要不然，就算是全职妈妈也未必能给孩子一个快乐的童年和光明的未来。用心听孩子说话，用心陪孩子玩耍，用心陪孩子聊天。出差在外的时候，记得给孩子打电话问候，给孩子买一些用心的小礼物，让孩子感受到关爱。

18. 孩子爸爸不管孩子怎么办？

答：当孩子爸爸对孩子不管不问的时候，作为孩子妈妈需要的不是抱怨，而是沟通，通过一些专业渠道让孩子爸爸知道他的参与对孩子的成长很重要。古人云："养不教，父之过。"无论是男孩还是女孩，都需要爸爸带来的安全感和规则意识。爸爸的参与可以让女孩更好地适应和异性的相处，让男孩更具备男生应有的品质。同时让爸爸明白，不参与孩子的童年，除了给孩子的全面成长带来缺憾，还容易让以后的亲子关系出现问题，导致父亲缺少真正话语权，很难有效地和孩子沟通。

19. 我到底是否应该陪孩子写作业？

答：陪孩子写作业应该是在孩子初期不知道怎么做的时候，可以陪伴一下。以后应该是让孩子独立完成，或者是情感的陪伴，但不是监控式的陪伴。在必要的时候，我们可以提供一些帮助。但不是包办，更不是干涉。过多地干预和直接指导孩子写作业，容易让孩子产生依赖，被动应付作业。

长远来看，还会影响到孩子自我管理和自身的发展。

20. 家庭聚会孩子人来疯，如何处理？

答：首先我们要分析孩子有此表现的原因，有可能是想吸引大人们的注意，这也是小朋友比较正常的表现。我们需要停下大人们手头的事情或者话题，和孩子交流一下，表达我们对孩子的关注。但是如果孩子确实表现过度，家长需要反思，我们平时是否对孩子缺少足够的关注，让孩子经常感到被忽略；或者平时对孩子过度关注，所以孩子习惯成为焦点，不能适应大人忽略他的感受。任何教育原则，适度是最好。切不可因为面子的问题在众人面前批评孩子或者置之不理。

21. 孩子和同伴相处时，经常出现矛盾，如何处理？

答：孩子们之间的互动，偶尔出现矛盾是正常的。可以尝试让孩子自己处理，家长适度协助调节，但不要包办。如果频繁出现矛盾的话，就要反思我们是不是给了孩子太多的管教，让孩子有了太多的压抑，情绪不稳定。或者我们平时和孩子互动的时候总是以孩子为中心，没有让孩子充分体验换位。切忌将自己的孩子或者小伙伴定义为"多事"！孩子童年的交往体验对孩子日后建立人际关系模式有深远的影响，我们要有意识地帮助孩子学会交朋友。

22. 孩子爱炫耀，攀比，如何处理？

答：这种现象产生的原因往往是受了环境的影响，包括父母的行为和外面同伴的行为。遇到这种情况，需要家长对孩子积极正面地引导。首先，要理解和接纳孩子的这种心理，不要批评，剥夺孩子表达的权利，强硬地压抑孩子的想法。其次，要告诉孩子自己的家庭收入情况，任何物质方面的东西都是非常辛苦努力得来的，而且这些都是父母的，不是孩子的，对孩子的零花钱要适当控制。家长自己也要注意自己的言行，做好示范作用。

23. 我刚刚和爱人吵完架，如何面对孩子？

答：这涉及家长个人情绪管理的问题，当我们产生情绪的时候，容易把愤怒转嫁到孩子身上，这对孩子是很不公平的。如果我们没有处理好情绪，又怕影响孩子，从而选择无奈地和孩子互动，也会给孩子带来不良影响。建议家长积极处理好自己的情绪，再和孩子互动，或者坦白地告诉孩子你不开心了。爸妈吵架是因为对一些具体事情的看法不一样产生了冲突，而不是因为感情出现问题，发脾气是一种情绪表达的形式，但不是好的形式。让孩子坦然面对负面情绪，在真实的情境下学会接纳和处理负面情绪。

24. 我是否一定要做全职妈妈，才能照顾好孩子？

答：这个不是绝对的。很多全职妈妈放弃了发展不错的事业，专心在家带孩子。某种意义上，这不是完整的人生，有些比较要强的妈妈容易产生缺失感，并把这种缺憾演变成对孩子过高的期望和过多的要求，从而给孩子带来过度的压力，然后衍生出无限的抱怨。这样还不如把精力分到自己工作中，和孩子一起进步成长。每个家庭的具体情况不一样，至少期望家长不要总是以一种自我牺牲的精神去带孩子，这样很难和孩子产生积极的良性互动。

25. 孩子注意力不集中，怎么办?

答: 孩子注意力不集中的原因是多方面的, 有生理方面的, 也有心理方面的。生理上的注意力障碍, 比如多动症或注意力缺陷障碍。心理方面导致的, 比如压抑导致的注意力不集中, 有心事没有解决就容易走神, 或者是孩子被特别感兴趣的事情吸引, 等等。我们要去分析导致孩子注意力不集中的原因, 才能找到解决方法。一味地对孩子强调"认真点儿", 是没有意义的。有一种原因值得引起家长的注意, 那就是我们平时对孩子的干扰过多, 已经破坏了孩子的专注力。当然, 注意力是可以通过训练提升的, 如有必要可以找专业的心理老师进行调整。

26. 孩子自控力差，如何调整?

答: 自控力, 顾名思义, 就是控制自己行为的能力, 孩子的自控力直接影响孩子的注意力和毅力的培养。自控力跟孩子做这件事情的意愿有很大关系, 如果是他特别想做的, 自控力一定会好。另外, 自控力跟习惯也有很大的关系, 坚持做一件事情久了，就会形成习惯，好的习惯会让孩子的自控力持续下去。当孩子自控力不强的时候，首先要强化孩子做这件事情的意愿，比如情景暗示，告诉孩子达到目标之后的情景。也可以通过外力来引导，比如适当地增加外部奖励来吸引孩子坚持。

27. 孩子不爱写作业，怎么办？

答：孩子不爱写作业，主要有四点原因：一、作业往往是被动的任务，孩子不感兴趣。二、作业布置得枯燥无趣，孩子完成了缺少成就感。三、有时候难度很大的作业会让孩子有受罚的感受。四、孩子能力差，完成作业有困难。

针对上述原因，解决的办法有：一、变被动为主动，作业要完成，但是什么时候写，先写什么可以让孩子决定。二、作业完成好，及时给孩子一些强化，比如获得自由或者其他奖励。三、面对难度很大的作业，要帮助孩子调整情绪，理解孩子的厌烦情绪，有必要的话应跟老师沟通。四、孩子完成作业有困难的时候，我们要给予方法上的指导。

28. 孩子特别爱顶嘴，怎么办？

答：首先，家长不要随便给孩子贴标签，孩子爱顶嘴未必是坏事。而且有心理学家发现，爱顶嘴的孩子长大后会更自信。另外，孩子爱顶嘴，说明大人没有权威，孩子对父母没有惧怕感。这种惧怕感不是通过打骂形成的，这跟父母的一些日常做法可能有关系，比如，家长说话有漏洞，说到不一定做到，孩子就有了反驳的机会。还有的家长比较宠孩子，孩子想通过顶撞来达到自己的目的。

家长要学会引导爱顶嘴的孩子，避免发生激烈的冲突，破坏亲子关系。因此当孩子顶嘴时，家长先要调整好自己的情绪，然后再慢慢地引导孩子，弄懂孩子到底要表达什么以及他的想法是什么。切忌以"父母"的身份以"势"压人，要学会宽容，民主地处理问题。

29. 孩子马虎，怎么办?

答：有的家长难以接受孩子马虎犯错，常说"不会也就罢了，会了还马虎得让人不能接受"，这样的话会让孩子过度紧张，从而影响正常发挥。长此以往有可能使孩子产生强迫症的倾向。建议家长给孩子一个适当的空间，可以让孩子做一些帮助老师或同学阅卷和批改作业的工作，参与一些需要细心才能完成的活动，让孩子慢慢养成认真的好习惯，而不是简单地批评指责。

还有一种粗心马虎跟孩子大大咧咧的性格有关，黄色性格的孩子很容易粗心，建议家长和孩子一起设定一个基准线，根据这条线设定奖惩。比如，作业每天因为马虎错5道题，如果一周内连续降低到错3道题，就可以得到奖励。

30. 孩子字迹潦草，怎么办？

答：孩子字迹潦草有三个原因：一、孩子幼儿时期的精细动作训练不够，手眼不够协调。这是一个孩子书写能力的问题。二、时间紧，任务重，孩子工整书写有难度。三、孩子对于此项任务不够重视。

建议家长可以让孩子看看书写工整的作业，谈谈感受。问问孩子书写工整有什么难度，帮助孩子制订个计划，多久达到什么样的目标。然后，及时鼓励和肯定孩子的每一次进步。有必要的话，请专业的老师给孩子指导。

31. 孩子喜欢说脏话，怎么办？

答：针对这个问题，家长首先要找到原因，再去化解，而不是简单粗暴地制止，那样可能导致脏话越来越多。一般孩子说脏话，有三个原因：第一个原因是模仿，有一些家长说脏话比较严重，可能自己感觉不出来，经常带着一些口头禅，孩子也会受到影响。第二个原因是发泄，很多孩子在吵架或者生气的时候就会说脏话，只是觉得说脏话会让自己的情绪得到宣泄，让自己感觉到放松。第三个原因可能是仇恨，比如跟说脏话的人关系对立，也可能是仇恨。所以，家长要反思自己是否平时不注意，经常说脏话，一定要给孩子树立一个好的榜样，让孩子在一个良好的环境中成长。要让孩子学会控制和通过其他方式发泄情绪，比如在不影响别人的情况下，大喊几声，或者去做运动。

32. 孩子遭遇罚写作业，家长怎么办？

答：面对惩罚，首先的态度应该是教会孩子承担，接受惩罚。其次，反思怎样避免下次挨罚。同时，如果孩子情绪不好，要给予理解，而不是表达"该罚"之类的语言。如果是暴力的惩罚作业，类似于写100遍之类，家长可以视惩罚程度，可以考虑与老师沟通，因为任务过重，可能会导致孩子厌学。家长可以建议孩子和老师沟通，是否可以分期分段完成，既保证了惩罚的意义，又保护了孩子的学习热情。

33. 孩子丢三落四，怎么办？

答：孩子丢三落四往往是由于家长的前期包办过多导致的，孩子没有担负起管理自己物品的责任。家长需要改变包办的习惯，让孩子尝试自己管理物品，承担责任。家长要分清"责权范围"，让孩子在处理问题中提高解决问题的能力，增强独立性和自信心。要让孩子自己承受因行为过失造成的后果，从行为结果的体验中培养责任感。

34. 如何给孩子选择补习班和兴趣班？

答：很多家长都选择给孩子补课，哪差补哪。但却忽略孩子的想法，忽略培养孩子的兴趣专长。要知道，每个人往往都是凭借自己的亮点发挥自己的价值的。所以，要尽可能给孩子选择一个专业的特长班，让孩子的强项更强。对于孩子薄弱的项目，要选择专业的辅导学校给孩子事半功倍的指导。专业的内涵应该包括：老师的资质，教学的方法，因材施教的能力，等等，最后才是水到渠成地提高成绩。切忌有的老师搞题海战术，阶段性提高孩子成绩却没有教会孩子方法。

35. 孩子总要和妈妈睡，怎么办？

答：有的孩子的特质比较敏感和胆小，所以需要更多的安全感。这种情况可以适当地延后孩子独立睡觉的时间，但是最晚也不要超过小学入学年龄段。但大部分原因是妈妈放不开手，担心这担心那，不舍得让孩子独立睡觉。长此以往会导致孩子产生依赖，缺乏克服恐惧的勇气和信心。建议妈妈要和孩子事先商量好一个时间点，到了这个时间点就要自己独立睡，提前让孩子有个心理准备。多给孩子时间和机会独立完成一件一件的小事，培养孩子独立的品格，有时可以在孩子面前示弱，更有助于孩子成长。

36. 孩子成绩差，怎么办？

答：孩子成绩差的原因主要有心态问题、方法问题、习惯问题和能力问题。建议家长多和孩子进行情感沟通，不要给孩子太多压力。引导孩子思考已经具有的基础，从另外一个角度思考问题，成绩越不理想，提升空间越大。如果是学习方法不对，努力白费是很有可能的，好方法成就孩子高效学习，要和孩子一起多探讨总结好的方法，如有必要可找有经验的辅导机构补习。如果是习惯问题，要跟孩子一起设定一个短期内可以实现的小目标，通过持续坚持，最终达成，让孩子感觉到好习惯给自己带来的好处。学习能力的提升主要靠练习，没有针对性的足够的练习，是不可能有学习能力的提高的。

37. 孩子不跟家长说话，怎么办?

答：孩子不跟家长说话主要是因为家长过于强势专制，孩子不爱听家长唠叨。或者孩子比较内向，不善表达。建议家长要放低自己，和孩子沟通时采用平等、诚实、信任的原则。多和孩子谈心，多表达自己的真实感受，多分享喜悦。同时沟通的话题很重要，不要总谈学习，总谈孩子的缺点。多聊聊孩子感兴趣的话题，多进行情感沟通更有利于促进亲子关系，良好的亲子关系不仅有利于亲子沟通，还可以提高孩子学习效率。

38. 孩子总是喜欢打闹，玩比较幼稚的游戏，怎么办?

答：孩子在小学阶段仍然做一些幼儿时期的打闹追逐游戏，可见其在用以往的方式应对现在的问题，说明他在人际关系方面、规则遵守方面遇到了问题。这时候家长和老师千万不要一味地指责或限制孩子玩这类游戏，一定要有耐心，每个孩子的心智成长都有差异，不要着急。多给孩子一些指导，建议与孩子进行角色扮演去做一些适合他们年龄段的游戏，一起帮助孩子提高表达能力，以及自控能力，帮助孩子更好适应。

39. 孩子考试成绩不好，情绪低落，家长如何处理？

答：首先，家长要理解和接受孩子的情绪，这时候家长的理解反而会让孩子觉得愧疚，这有可能成为他今后学习的动力。家长在这个时候不要训斥孩子，否则容易造成一部分孩子考试焦虑，还可能导致一部分孩子对考试成绩撒谎隐瞒。其次，要帮助孩子分析考试成绩不好的原因，是努力程度问题还是方法习惯问题。要告诉孩子学习最重要的是过程，结果是顺其自然的事情。考试是一种能力，考试能力也是在考试当中练出来的，只要平时多加练习考试能力就会提升。

40. 孩子偷拿家里的钱，怎么办？

答：当孩子第一次发生这种行为的时候，原因往往是需求未能及时得到满足，家长未能及时进行教育纠正。家长不要给孩子扣上"偷"的帽子，这样会对孩子的自尊心造成伤害。这个时候要创造一种良好的沟通氛围，鼓励孩子说出自己的需求，共同商议，做好约定，答应孩子自己会满足他的合理的需求。同时借此机会，培养孩子理财的观念，给孩子一定的财务支配权，家长监督即可。

41. 孩子不喜欢同桌，怎么办？

答：首先要接受孩子的观点，可以告诉孩子爸爸妈妈也有不喜欢的人，你不喜欢你同桌肯定有你的理由。其次一起探讨为什么不喜欢，让孩子把同桌的优点和缺点都写下来，包括之前有没有帮助过自己。借此机会教会孩子全面看人，学会用接纳的态度对待周围的人。实在不能适应，再考虑调换座位，但是要尽量避免很直接，因为不喜欢就调换座位，这样孩子就失去了一次协调人际关系的学习和体验机会。

42. 因为孩子之间的矛盾，双方家长产生冲突如何协调？

答：大部分家长都有"护犊子"的心理，这也是动物的本能反应。很多家长在没有了解事件的前因后果时，往往是情绪化的。或者感觉面子上过不去，心疼孩子受委屈，怕孩子吃亏，要给孩子撑腰，结果小题大做，影响了孩子之间的感情。也有可能事情暂时解决了，但是孩子并没有参与并感受处理矛盾的方法，这样很容易让孩子对家长产生依赖，自己不承担主要责任，形成有事找爸妈的思维模式。所以，家长遇事一定要冷静再冷静，有些事情要让孩子自己去处理，学会和体验在一切事件中成长。

43. 老师布置的作业太多，家长如何应对？

答：有很多家长反映老师布置的作业太多，孩子每天应付作业到很晚，看着都心疼。当我们看到老师留的作业太多时，就会有情绪，对老师有一些埋怨，产生了作业根本写不完的想法。这样会放大孩子对作业的情绪，使其缺少行动力，磨蹭、拖拉现象更严重。这时，家长如果一味地催促效果也不好。作为家长，第一态度是接纳，给予情感上的支持，告诉孩子我们没有任何办法改变老师的安排。接纳以后再想办法，可以帮助孩子将作业分成若干小目标，每完成一个小目标，给予支持和鼓励。这样会传达给孩子一种意识，就是面对困难，想办法解决才是出路。

44. 孩子一上初中，忙不过来了，怎么办？

答：孩子在小学阶段只关注两三个科目，方法和习惯都是按照小学节奏进行的。而上中学后面对七八个科目，方法和习惯都需要提高。如果不换挡，就容易出问题。这时候家长需要帮助孩子规划一下时间和精力分配，引导孩子积极面对新的挑战，不要表现得太担心和焦虑。重点从习惯上入手，逐渐加量，直到孩子适应初中节奏。

45. 孩子学习很努力，但成绩不好，怎么办？

答：这种情况要详细分析一下原因，努力程度只是影响学习成绩的其中一个因素，不是全部。有可能是方法不对，效率不高，或者是心态出了问题。也就是说，努力要有好的方法，通常好的老师可以教给孩子好的方法。如果是心态出了问题，建议寻求心理老师的帮助。成绩不好还有一个原因就是不擅长考试，考试是一种能力，能力是练出来的，所以要针对考试进行系统训练。

46. 孩子不爱问问题，怎么办？

答：不爱问问题的孩子往往性格都是偏内向的，不太自信，顾虑太多。还有就是和老师填鸭式教学有关，没有培养孩子问问题的习惯。无论是哪种原因，都要告知孩子，老师是我们最大的能帮助我们的资源，成功的人是特别擅长利用资源的人。谁问的问题多，谁得到的就越多，因为他利用的资源多。

47. 孩子没有上进心，怎么办？

答：孩子没有上进心，分析原因，就是孩子从小就没有学会负责任，不懂得感恩，没有上进心的孩子往往是没活出自己的人。家长过多地包办，包括学习、生活及决定；家长过分地强制、专制，这些都会导致孩子没有上进心。爸爸妈妈什么都帮我做啦，钱也给我准备好啦，我什么也不需要做。所以，意识到这个问题的家长，要停止这些行为啦！

其实，上进心是孩子本来就具有的，上进心不是被动产生的，一定要发自内心。而家长通常用强迫和唠叨的方式激发孩子的上进心，所以通常会使其越来越没有上进心。激发上进心可以通过目标设定、寻找竞争同伴、正面引导和语言暗示等方法。总之，正面引导是激发上进心的最佳思路。

48. 孩子厌学，怎么办？

答：厌学是结果，原因一定是综合的，需要分析。厌学的原因主要有五种：一、不知道为什么学习。二、不知道怎么学习。三、怎么学都学不会。四、没办法静下心来学习。五、学习看不到希望。找到原因才能对症下药。提醒家长不要只是面对已经产生的结果反复纠结。家长不要因为过于急躁而采取一些简单粗暴的方式，结果可能会越来越严重。如果真的太迷惑，建议找专业的咨询师，寻求专业有效的指导。

49. 孩子不懂感恩，怎么办？

答：孩子不懂感恩，跟家长的教育方式有很大关系，两种教育方式最容易导致孩子缺乏感恩的心态。一种是从小对于孩子过度溺爱，孩子变得过于以自我为中心，只考虑自己的感受，缺乏生活体验，感觉父母对自己好是理所应当。另一种是过于严厉，孩子从小感受不到父母的关爱，更多的是批评、指责，甚至打骂，孩子对父母产生仇恨。

还有一点，家长有没有一颗感恩的心也会对孩子产生影响，如果家长不懂得感恩，孩子往往也不会感恩。解决思路就是改变教育方式和树立榜样作用，感恩不是强迫出来的，而是互动出来的。

50. 孩子犯错误时，如何处理？

答：首先，我们可以肯定的是每个人都会犯错，如果你不小心犯错了，你希望别人怎么对待你？当孩子犯错的时候，家长的处理方式非常重要，把握不好就会把孩子推得越来越远。所以，家长要把握五个原则。第一，如果孩子是第一次犯错，要谅解并指导正确的做法。第二，家长要看孩子犯错的动机，是否是故意的，如果不是故意的，要理解并提醒。第三，在孩子成长过程中，要适当地给他试错的机会，尤其是在动手能力方面。第四，过激的批评指责，或者纵容都是不可取的。第五，如果孩子犯同样的错误，要严厉地指出，并设定下次犯错的惩罚措施，如果再犯要坚决惩罚。

51. 孩子愿意和坏孩子一起玩，怎么办？

答：首先，这个定义存在一定的问题，对于孩子来说，还不存在"坏孩子"的说法。当我们用这个词汇的时候，就可能表明我们太消极。每个孩子都有优点，所谓的坏孩子可能就是调皮捣蛋了一些，或者存在一些我们不能接受的品行，例如打架骂人。但是，我们自己的孩子就一定是百分百的好孩子吗？所以，孩子之间是互相影响的，我们要教会孩子和各种类型的人相处。见贤思齐，见不贤内省。

52. 孩子突然间爱打扮，怎么办？

答：爱美之心，人皆有之。这是孩子关注自己的一个进步的表现。我们可能会担心孩子是因为有了异性朋友分心了。这其实也是正常的表现。我们给孩子适当的允许，跟孩子保持良好的沟通，不要因为过度担心而唠唠叨叨，破环了亲子关系，或者让原本紧张的亲子关系变得更紧张。关注自己，就是让自己变得更好的机会，抓住机会帮助孩子树立正确的审美观。

53. 孩子不让我进他自己房间，怎么办？

答：青春期的孩子自我意识迅速发展，开始有自己的隐私，希望得到像成人一样的待遇。这个时期叫作"第二断乳期"。家长首先要了解孩子青春期的特点。还有，是因为沟通有问题，孩子觉得父母不尊重他，不理解他，没有共同话题。家长要做的是允许孩子回到自己的房间，给他自己的空间，因为初中时期的孩子本身就在寻找他自己。家长要停止指责和评判，接受孩子，说："有需要妈妈帮助的，可以跟我讲。"而且进孩子房间之前最好跟孩子打声招呼。

54. 孩子追星，怎么办？

答：家长担心孩子追星会影响学习，要先观察评估一下，追星到了什么程度，是否影响到了学习。单纯的追星，并不是坏事，这个时期的孩子都有很大的梦想，明星恰好满足了一些孩子对理想中自己的幻想。这时候家长切不可否定孩子，更不能胡乱评判孩子的偶像，否则很容易导致亲子关系出现问题，产生不信任。要正确地加以引导，跟孩子一起分析明星的成长经历，了解明星成功背后付出的辛劳。引导孩子要想成为他，必须像他一样努力。

55. 孩子成绩波动，怎么办?

答：孩子成绩小幅波动是正常现象，但是如果波动幅度比较大就要分析一下是什么原因导致的。和孩子一起理性分析，是不是上次考好了，一骄傲就松懈? 或者是考试的状态出现了问题? 还是复习的侧重点偏了? 还是最近交友方面的问题? 等等。只有找到成绩波动的原因，才能针对性地去解决。成绩波动其实是个机会，弄清原因，找到影响成绩的薄弱点，达成一致，提早化解。

56. 孩子的爱好和文化课没关系，是否应该支持?

答：什么是"爱好"? 爱好是一个人不需要通过外力，自发地去做一件事情。孩子有爱好是好事，说明他对某一方面比较擅长，能触发他的思考，这很有可能成为孩子的梦想，最后变为现实。家长需要注意的是，如果孩子的爱好对学习没有造成大的影响，要给予支持。孩子做自己喜欢做的事情有时候也是在展示自己，有助于提升自信。作为学生，要有自己的爱好，所以需要家长对孩子的爱好进行正向引导，从间接兴趣转化为直接兴趣，最后成为学习上奋斗的目标。

57. 孩子经常逃课，怎么办?

答：逃课往往是孩子遇到了自己认为克服不了的困难，在困难面前选择了逃避。这可能是孩子厌学的开始。或者受了其他同学的影响，追求更好玩的东西。不管什么原因，孩子第一次逃课必然经历过内心的一番斗争。所以，家长对待孩子第一次逃课的态度非常重要，处理不好容易把孩子从学习上推得越来越远。切记不要简单粗暴地训斥打骂一顿，这样有可能导致孩子的怨气越来越大。家长应尽量做到共情，比如说自己上学的时候也逃过课，因为老师批评或者逃避作业等。然后问孩子遇到了什么困难，爸妈可以跟你一起想办法。这样会让孩子对自己的行为产生愧疚，有利于改变。

58. 孩子开始抱怨生活没有意义，怎么办？

答：如果孩子开始抱怨周围的各种事情，认为生活没有乐趣，生活没有意义等，这往往是孩子在学习上经常受挫，导致在现实生活中体验不到太多乐趣，做什么事情都没有自信，缺少价值感，对未来也看不到希望。家长这时候不要讲太多大道理，仔细思考自己是否对孩子期望过高，否定过多，让孩子觉得自己不够好。家长第一时间的接纳对孩子来说至关重要。除了学习之外，培养孩子更多的兴趣爱好，比如打打网球、学学绘画等，也要及时给予孩子更多的肯定。如果问题严重，就需要寻求心理老师的帮助。

59. 孩子一学习就头疼，一到考试就生病，怎么办？

答：如果孩子感觉身体上有疼痛，建议家长先带孩子去医院检查一下。确认身体没有任何疾病之外，再考虑是否是心理方面出现了问题。这种情况往往是孩子学习压力太大、学习状态比较焦虑导致的躯体化反应，而并不是生理问题导致的。这是潜意识给的信号，通过身体不适来提示你需要适当放松，暂时逃避学习给自己带来的压力。家长不要大惊小怪，更不可认定孩子撒谎，重点是帮助孩子减压，缓解紧张情绪，必要时寻求心理老师的帮助。

60. 孩子不喜欢老师，导致成绩下降，怎么办？

答："亲其师，信其道"，孩子往往先喜欢这个老师，才喜欢这门学科。同样的道理，很多孩子也因为不喜欢这个老师，而不喜欢这门学科。尤其是青春期的孩子比较叛逆，有的孩子在家里娇生惯养，导致太以自我为中心，受不了委屈。这时候，家长不能站在老师一边训斥孩子，更不能站在孩子一边否定老师。家长要跟孩子一起分析每个老师的优缺点，任何老师都有优点和缺点，同理，爸妈也有优点和缺点。把老师的优点适当放大，缺点适当减小，让孩子内心平衡一些。要告诉孩子，不能用别人的失误来惩罚自己，毕竟学习是自己的事情。

61. 孩子偏科，怎么办？

答：心理学上有个"马太效应"，大概意思是你原来多的会带给你更多，你原来少的会让你变得更少。用在孩子偏科这个问题上，就是优势科目成绩越来越好，劣势科目越来越差。因为优势科目带给孩子的是高成就和学习的乐趣，所以孩子愿意花更多的时间来学习。而劣势科目带给孩子的往往是挫败感，孩子就不会花太多时间去学习，逐渐对这一科就没有了学习兴趣。家长可以通过感同身受的方式跟孩子沟通，如自己当时也有偏科，后来是怎么突破的，说出当时偏科给自己带来的痛苦和影响。告知孩子应该更喜欢自己的劣势科目，因为只有它可以给自己带来大量提分，凭什么不喜欢它呢？

62. 孩子在学校被老师批评，家长如何应对？

答：孩子在学校被老师批评，肯定会有情绪。这时候家长不要着急问太多问题，也不要抱怨孩子做错事情，否则只会雪上加霜，让孩子更郁闷。家长应该先把问题转移到轻松愉快的话题，等孩子情绪缓和一些，再关心发生了什么。要让孩子明白，无论如何，家长都是和孩子站在一起的，给孩子一个情感上的支撑。然后，心平气和地与孩子沟通事情经过，引导孩子正确面对，有则改之，无则加勉。不要让低落的情绪蔓延或者转化为反抗，当我们给予了孩子充分的理解，孩子往往是平静和充满力量的。当然，如果老师批评过重，还要及时跟老师进行沟通。

63. 孩子每次承诺了但做不到，怎么办？

答：第一，家长要反思孩子当初的承诺是不是在自己的强迫之下，没有经过思考而做的，本来就是敷衍，根本没想履行。如果是这样，就要考虑让孩子重新思考，共同来商量规则。第二，当初的承诺有没有超出孩子的能力范围？如果是这样，那么是否考虑换个角度让孩子思考？每次承诺的时候，都要考虑可行性，学会变通思维。第三，家长自身是否经常不履行承诺？那么就从自身开始改进吧。第四，承诺做到或做不到是否有相应的奖惩？结果是否兑现？第五，让孩子感受当别人不履行承诺的时候，他自己的感受。

64. 孩子对任何事情都无所谓，怎么办？

答：孩子抱着无所谓的态度对待周围的事情，有两种可能：一种是家长包办太多，孩子缺乏独立做事的能力，各种需要瞬间被满足了，长此以往降低了对需求的渴望。另一种是家长过于唠叨、批评打击太多、沟通方式单一，让孩子产生了消极抵抗和自动屏蔽。这时候家长需要静下心来，反思自己的做法。重新和孩子建立良好的亲子关系。然后加以适当的外力引导，让孩子逐渐对自己想得到的东西产生渴望，包括学习。

65. 到底应不应该给孩子物质奖励？

答：这个问题要区别看待，适当的合理的奖励，尤其是承诺孩子的，如果他做到了一定要给予。如果之前的约定孩子没有做到，则坚决不能给予。要维护规则的严肃性。还有，物质奖励不宜过于频繁，也不宜太贵重，这样会让孩子的注意力转移到物质追求上，而忽略精神需求，不利于孩子的全面发展，更难以培养出节俭勤劳的品质。精神方面的奖励与肯定要多用，当孩子的自尊心得到呵护，他对自己的要求也会提高。

66. 男孩子性格柔弱，怎么办?

答：首先，性格本身没有好坏之分，每一种性格都有优点，也有缺点。性格柔弱的孩子可能性格偏内向，胆小，敏感，但是做事比较谨慎认真。性格有一定的遗传因素，往往遗传了父母其中一方的性格，也有可能跟后天的成长有关系。经常受小伙伴欺负、父母经常吵架，或者受过伤害等因素，都有可能导致孩子缺乏安全感，从而变得胆小柔弱。家长这时候不要因急躁而给孩子乱贴标签，要接纳孩子的个性特点。同时鼓励孩子参与一些冒险类活动，通过活动让孩子自然地丰富自己的个性。多一些鼓励，少一些否定，让家庭的氛围活跃一些，给孩子力量。

67. 孩子不愿意参与学校活动，怎么办?

答：孩子不愿意参与学校活动，很可能是因为没有从集体活动中得到足够的乐趣和成就感，还有可能是在团队活动中出过丑，感觉自己被同学嘲笑了，面子上过不去。也不排除有的家长本身就不热衷于参加集体活动，考虑到学校的集体活动对孩子的意义不大，怕耽误学习，找一些理由不让孩子参加，从而影响了孩子的参与度。家长应该有意识地鼓励孩子参与学校活动，体验团队活动带来的积极的一面，这对于丰富孩子的生活和促进日后的社会发展都很有帮助。

68. 孩子参与活动没有获奖，如何安抚孩子？

答：参与活动没有获奖，对于孩子来说总归有一些失落，他可能会产生"我不够好"的想法，或者努力白费了，还不如不参加。如果是个性要强的孩子，可能挫败感会大一些。我认为有些东西是需要孩子在成长过程中去经历和体验的，家长对孩子失落的情绪要给予理解和支持。同时家长要做的是，不要把所有的关注点都放在结果上，而要引导孩子体会参赛过程中发生的事情，比如付出的努力、汗水、成长、提高，以及点滴的收获和快乐等，告诉孩子每一件事的发生都是为了让我们成为更好的自己。结果很重要，但是过程更重要。

69. 如何锻炼孩子的抗挫折能力？

答：抗挫折能力，顾名思义，就是对挫败的承受力。现在很多孩子在顺境之下一直表现不错，一旦遇到挫败就容易变得消极，甚至逃避。究其原因，跟从小的成长环境有很大关系。首先，对于孩子的挫败感要表示理解。其次，可以通过和孩子的互动小游戏来让孩子体验失败的感觉，增强孩子这方面的免疫力。这个过程需要家长的陪伴和重视，因为只有一个人不害怕失败的时候，才能获得更大的成功。提高孩子的身心健康指数，为将来迎接更大的挑战做好心理准备。

70. 如何提高孩子的自信?

答：孩子初期的自信往往是大人给的，因为孩子小的时候缺少自我认知，他们的自我认知往往来源于大人的评价。如果父母经常否定孩子，孩子就会变得不自信。当孩子不够自信时，家长首先要反思自己的教育方式是否合理。为什么美国人不管成绩是否优秀，不管从事什么工作，大部分人都非常自信，就是因为美国家长从小就很重视孩子自信心的培养，从不吝惜对孩子的表扬。同样，中国的孩子也需要家长的鼓励和肯定。另外，家长的包办也容易影响孩子自信心的建立，让孩子觉得自己不行，所以家长要少些包办，鼓励孩子尝试一些挑战，让孩子在挑战中体验成功,从内在建立自信。

71. 孩子不爱运动，怎么办?

答：运动是一种天然的药物，既可以锻炼身体，让脑细胞变得活跃，还能释放压力，如果是群体运动，还能促进人际交往。但是现在越来越多的孩子不愿意运动，把很多精力投入到电子产品当中，适得其反。孩子不爱运动是因为从小没有养成运动的好习惯，爸爸妈妈可以每天选择固定的时间和孩子一起运动，如跑步、各种球类运动等。只要孩子在运动中体验到快乐,再有父母的陪伴,孩子一定会喜欢上运动的。

父母的榜样力量很重要，尤其是父亲的带动。

72. 孩子爱玩游戏，怎么办?

答: 爱玩游戏是孩子的天性。但是有的孩子玩着玩着就"上瘾"了，而有的则对学习没有任何影响。对游戏产生依赖的孩子，往往在学习上总是受挫，没有成就感，没有正面体验，在家庭中也体会不到太多乐趣。玩游戏可以减少现实生活带来的痛苦，不需要在乎任何人的评价，还能在游戏中得到成就感，慢慢形成依赖。面对孩子沉迷于游戏中，家长往往采取训斥限制等手段，导致青春期的孩子更加叛逆。这时候家长不妨试一试以下三种方式: 第一，家长要坚持一个原则——有条件的支持，游戏是可以玩的，但前提要共同约定好，玩多长时间，如果超时会有什么处罚，家长此时要严厉执行。第二，家长要多带孩子进行户外活动，培养多种兴趣爱好，减少对游戏的依赖。第三，同理心，父母必须喜欢上孩子喜欢的游戏，跟孩子一起玩游戏有利于促进亲子关系和情感沟通，沟通到位，孩子自然会对家长的话认真对待。

73. 怎样培养孩子的好习惯?

答: 好习惯是孩子一生的财富。培养好习惯是一个比较大的课题，给家长三点建议: 第一，好习惯养成需要动力，动力分内力和外力，内力要有对一个目标的渴望，外力需要监督。第二，好习惯需要分阶段养成，要有计划，任何一个习惯养成关键在前三天，重在一个月，长久习惯的养成甚至需要坚持三个月。第三，好习惯养成需要合力，家庭和学校要同步要求，不能让孩子在遇到困难的时候有退路。简单地说，培养孩子好习惯，或者破除坏习惯，可以先从一件小事做起。比如起床，先要共同约定好，然后开始执行这个约定，执行过程中多给予鼓励，做到及时表扬，坚持一个月，就会养成一个好习惯。

74. 初中成绩很好，一上高中成绩严重下滑，怎么办?

答：初升高是一个容易出现适应障碍的阶段。刚上高中很多东西需要衔接，环境的变化、新同学、新老师、新的学习习惯和方法，都需要适应新的节奏。尤其是到了好学校，周围有很多优秀的同学，加上有的学生假期过度放松，导致新学期出现阶段性压力，总是受挫，自信心受到打击，学习的主动性就会大打折扣。除了适应方面的问题，另一方面是初中基础不够扎实，没有达到融会贯通，通过机械的题海战术获得的高分。这时候家长要帮助孩子接受自己的现状，找出原因，理清思路，先定个小目标，让孩子逐渐找回自信。

75. 孩子谈恋爱如何应对?

答：有些家长知道孩子谈恋爱后，便高度紧张，不知道怎么面对。说多了担心孩子逆反，不说又担心影响成绩。这时候家长如果处理不好，可能影响的不只是成绩，还会破坏亲子关系，导致孩子对家长极其抵触。家长要冷静客观地看待这件事，青春期的孩子性意识迅速发展，开始对异性产生好感，说明孩子正常进入青春期。自己的孩子被异性欣赏，这是好事。如果亲子关系良好，家长完全可以跟孩子分享自己的恋爱过程，引导孩子说出喜欢的异性是什么样子，家长可以给予对方一些肯定。做到有条件地支持，我支持你，但是有条件，这个条件是底线在哪里，学习上要有更高的要求，让双方都为着自己的目标而努力，某种意义上，这也是一种动力。

76. 发现孩子吸烟，怎么办?

答：众所周知，吸烟是一种不好的行为，尤其是在学生时代，不仅对身体不好，也容易给别人留下一个坏的印象。孩子第一次吸烟往往是模仿周围的人，或者因为好奇想体验一下吸烟的感觉，也可能迫于朋友圈的压力。面对孩子吸烟，大部分家长第一反应是很生气，训斥一顿。这种方法只能暂时让孩子产生畏惧，解决不了根本问题。家长面对这个问题，要反思自己是否吸烟，自己跟孩子的沟通是否出现了问题。家长最好不要在孩子面前吸烟，找个合适的机会，在平等的沟通氛围下，让孩子多了解吸烟的害处。告诉孩子 18 岁之前坚决不允许吸烟,18 岁以后不管你，长大了有自己选择的权利。

77. 该不该让孩子选择艺考呢?

答:选择艺考的孩子往往有两种原因,一种是自己的兴趣爱好,为了追求梦想。另一种是为了逃避普通高考带来的压力,认为参加艺考,学习上可以轻松点。家长要让孩子知道,选择艺考需要一定的天分,如果没有天分,即使选择,也不会有太好的未来。当孩子表现出来对某项艺术的强烈兴趣时,家长要给予支持。对于有天分的孩子来说,艺考也是一个明智的选择。如果是为了逃避高考的压力选择艺考,家长要明确坚定地告诉孩子,这个世界上不存在你不吃苦就可以得到自己想要的东西这种可能,必须要踏实下来参加普通高考,艺考不管是过程还是结果都不是明智的选择。

78. 应该给孩子选择什么专业? 从什么时候开始引导?

答:孩子专业的选择不是到高考之后才该考虑的问题,要提前几年开始探讨,甚至体验了解。家长可以和孩子一起了解各个专业的内涵,再做选择。选好专业是孩子成功的一半,因为有时候选择比努力更重要。孩子提前选择专业,给自己定学习目标很重要,比如什么大学什么专业,要非常清楚,包括这个专业的就业情况和收入水平,这有利于孩子做情景暗示,遇到困难的时候想到的不是调低目标,而是继续坚持。建议从高一开始,就引导孩子选择专业。

79. 如何帮助孩子调整情绪?

答: 人都是情绪化的动物, 喜怒哀乐都会有。正常的情绪表达可以理解, 但是过度的情绪化会严重影响孩子的学习状态。当孩子情绪不好的时候, 说明他的内心一定是难受的, 跟身体上的难受一样。这时候, 家长首先要理解和接纳孩子的所有情绪, 如果家长不理解不接纳, 孩子会更难受, 可能以后都不愿意跟家长沟通。理解和接纳之后, 鼓励孩子说出自己的困惑, 家长不要着急打断或者给建议, 让孩子说完。然后再针对孩子遇到的问题, 给予建议和精神方面的支持, 告诉孩子要学会正向的思维方式, 多看人和事的积极面。

80. 如何与孩子进行有效沟通?

答: 回答这个问题之前, 咱们先看一下什么是无效沟通。无效沟通往往是沟通双方其中一方比较强势, 另一方相对弱势, 这样是没办法沟通的。还有一种无效沟通是双方不在一个频道上, 沟通话题对不上。所以, 家长要想和孩子进行有效的沟通, 前提一定是平等, 否则达不到目的。还要和孩子同频, 多跟孩子聊聊他感兴趣的话题, 比如足球等, 尽量少谈学习, 情感沟通更能促进学习。因为同频才能交流, 交流才能交心。永远记住平等、同频的沟通原则。

81. 孩子压力大, 如何缓解?

答: 孩子压力大的时候, 往往是因为孩子在一个充满压力的环境中，比如学校环境或者家庭环境对他提出了更高的要求，他感觉自己做不到。了解孩子的压力源是第一步，如果是家庭环境，家长要反思自己的做法；如果是学校环境，要做好与老师的沟通。第二步，利用休息日带孩子出去放松一下，去富含负氧离子的大自然逛逛，也可以让孩子听一些缓解压力的音乐。必要的时候可以寻求专业心理老师的帮助。

82. 如何帮助孩子树立目标?

答：考上名校的孩子，往往都是目标非常清晰的。一个孩子对目标的渴望决定了他在学习的动力。没有动力就没有克服困难的决心，学习是一件吃苦的事情，对目标的坚定有利于学习上的坚持。设定目标，需要与孩子一起商量，而不是将大人的目标强加于孩子身上，而且这个目标是通过努力可以达到的。目标树立后，可以采用倒推的方法，设定阶段性小目标，一个一个去实现。比如，一个高一学生目标是北京理工大学的通信专业，学校前300名的高考成绩可以考上北理工，现在排在500名，那就要在高二结束时前进150名，高三的时候再前进50名，这样就可以无限接近自己的目标了。实际上，目标是一个非常重要的系统的成长工程。

83. 如何引导孩子高效利用时间?

答：时间是最公平的。学习成绩是否优秀，不只是看你投入的时间总量，更要看你在单位时间内解决了多少问题。

所以，有的学生看似不是很努力，但是成绩很好，因为他的单位时间的效率很高。高效利用时间是指在固定的时间内完成更多的学习任务。这样就需要我们有意识地进行任务规划及时间管理。可以将要做的事情按重要，紧急，不重要，不紧急来分类，分出先后顺序来完成。家长可以建议孩子在做每个任务的时候，给自己设定一个时间限制，比如做一套试卷，规定自己多长时间内做完。可以让父母监督或者自我监督，如果对结果设定一些小的奖惩，效率会更高。时间管理一定要重视自然时间和心理时间。

84. 孩子有畏难情绪，怎么办?

答：很多孩子在学习或学习以外的事情上都会或多或少地表现出畏难情绪。父母在发现孩子存在畏难情绪的时候一定要区分孩子产生畏难情绪的原因，是真的怕困难，还是有其他原因。遇到孩子有畏难情绪，家长应把握好以下四点：第一，如果是孩子因为年纪小，遇到困难不会表达，家长要引导孩子表达出来，并帮孩子想办法解决。第二，家长在让孩子学习或参与活动的时候，不要一副苦大仇深的样子，这样会加重孩子的心理负担。第三，家长不要在孩子还没接受的情况下，硬逼着孩子去做某件事情，孩子在受压抑的状态下肯定不会有好的表现，只会想着逃避。第四，孩子毕竟是孩子，缺少成人的那种自律，有的时候学习时间长了，练习时间长了，都会存在一些烦躁情绪，就是缺乏耐心，总是希望付出一点点就迅速看到回报，对困难的程度和自己的能力都缺乏判断。这时候要告诉孩子这件事的确有难度，不过也没你想的那么难，只要你一点点来就能克服。

85. 如何让孩子学习像玩游戏一样"上瘾"？

答：对于孩子来讲，他们对学习的兴趣很难大于对游戏的兴趣。原因是，学习实际上并不是孩子一个人的事情，孩子学习实际上变成了一家人甚至一个班和一个学校的事情。当不是孩子自己的事情的时候，孩子心中就会产生"责任转移"这个概念，所以对学习的付出也并不是尽百分之百的全力。而玩游戏是孩子一个人的事情，他可以自主决定是开始玩还是不玩，是玩这个游戏，还是玩那个游戏。虽然有些游戏是需要团队配合的，但是其中分工也是明确的，孩子只需要完成自己负责的区域和项目，就不会给别人带来麻烦。所以，孩子在游戏中更专注。

产生兴趣的前提是有快乐的体验，如果能够在学习过程中得到快乐的体验，那么就很容易产生对学习的兴趣。那么，如何让孩子对学习"上瘾"？建议家长从三个层面去做：第一，尽最大可能把学习任务和主动权交给孩子，而不是让孩子感觉天天是家长逼着自己学习。第二，提供尽可能让孩子感兴趣的学习内容，让课堂变得活泼一些，这就对老师授课提出挑战，个性化的教学可以满足这一点。第三，对孩子在学习中取得的任何成就要及时地奖励（精神的或物质的）。

86. 我们家孩子是男孩，如何对他进行性方面的教育？

答：进入青春期，随着性器官的发育和第二性征的出现，孩子开始有了一些微妙的心理变化，也会产生一些困惑。首先，家长应该采取健康开放的态度，提高自己在这方面的生理知识。其次，可以由父亲给儿子讲解有关男性生殖器官的形态学和生理学知识，讲解遗精现象及其生理意义和保健知识，以及如何正确看待自慰问题。青春期性教育非常重要，要有意识地正确引导孩子正确看待和发展同学之间的正常友谊。条件允许的话，可以借助相关教材资料进行教育。

87. 我们家孩子不合群，经常被同学欺负，怎么办？

答：对于孩子来说，所有的评判均是来自外界的，尤其是他身边的事物。因此，一旦遭到同伴的否认，就会很难过。这样的经历可能会影响孩子的社会交往和性格。将来孩子可能会不敢表达与别人相悖的想法，总是太在意别人的看法而勉强自己，害怕得罪人，没有安全感，在人群之中总是感觉落落寡欢，性格内向。

这个时候家人的认同感很重要，要支持他，不要因为别人的某些话而误解他，表明自己是站在他这边，不管发生什么都支持，给予他安全感。虽然在传统家庭，有些肉麻的话不好意思讲，情感表达比较含蓄，但是关心与支持一定要传达到，要让他感受到温暖，这样他才有勇气去面对这些。必要的话，需要跟学校老师沟通，降低孩子被欺负的可能。

88. 我们家孩子是男孩，但是总跟女孩在一起玩，他是不是不太健康啊？

答：在回答这个问题之前，需要了解一下孩子父母双方的性格和平时对待孩子的方式，孩子是否拥有一个非常严厉的父亲？如果父亲平时脾气也不好，而且出现打骂孩子的行为，孩子每次看到父亲，就像老鼠见到猫一样。这可能是导致孩子对于男性角色恐惧的主要原因。由于恐惧，孩子会更希望得到母亲的庇护，会更喜欢跟女孩在一起玩。如果长此以往，孩子与父亲的关系一直无法缓和，那么孩子可能会出现对男性的排斥，出现性别认知的偏差。要想根本性地解决孩子的问题，需要父母双方的配合。父亲要学会管理自己的情绪，多与孩子沟通互动，根据孩子的年龄特征来理解孩子的行为，不要动不动就发脾气。母亲暂时不要对孩子的行为表现出过多的关注，理解孩子此时的表现，自我保护和自我调整的心理需求，同时可以试着陪伴孩子跟其他的男孩一起玩耍，让孩子感受到安全和乐趣。当孩子在爸爸和男性伙伴那里得到足够安全感时，会自然地变成一个健康的小男孩。

89. 我们家孩子现在越来越爱美了，越来越爱打扮了，我是否应该干预？

答：这是一种很正常的行为，青春期的孩子会很在乎自己的外貌和体征，大部分都比较爱美。人类是有智能的群居生物，我们需要从外界得到关注，就得先关注自己。也就是说，当我们发现孩子开始打扮自己的时候，代表孩子正在独立地踏入社会群体。他希望自己能得到群体的重视，希望自己鹤立鸡群，关注外表就成为最初的开始。越希望自己卓越的孩子，表达的欲望就越强烈，变优秀的动力也越强，心理学上把这个过程叫作自恋期。家长需要引导孩子了解不同年龄段对美的追求，只有合适的才是美的，不同年龄段有不同的美。不能学其他人，比如某些明星穿衣打扮，涂脂抹粉，这种过度追求外在的美丽反而会失去自我独特的美丽，出现这种情况是需要干预的。

90. 继母和继父如何与孩子相处?

答：重组家庭里，各种关系比较敏感。继母继父在与孩子交往过程中，需要更多的教育智慧。给重组家庭的父母三条建议。

第一，夫妻关系和谐是这个家庭的坚实基础。

第二，关于孩子的问题，夫妻之间必须坦诚沟通，先达成一致。最好由亲生一方的爸爸或妈妈做主导。

第三，要用超出一般关系的耐心去面对孩子的问题。

91. 孩子缺少父爱怎么办？缺少母爱怎么办？

答：单亲家庭的孩子往往向两个极端方向发展：有的孩子很优秀，有担当，能吃苦，为了改变命运非常努力；而有的孩子则意志消沉，消极悲观，养成不良习惯，学习上毫无动力。这跟教育环境有很大关系，无论如何，父母都不应该互相诋毁对方，更不能无休止地争吵，这对孩子的影响非常大。父母即便离异，双方也都应该给予孩子相应的照顾、关爱和支持。同时，孩子的监护人一定要乐观积极，过好自己的生活，让孩子从父母的生活状态中，看到对未来的希望。

92. 孩子性格古怪，怎么办？

答：孩子的性格一方面是天生的，遗传了父母其中一方；另一方面跟后天的成长环境，尤其是父母的教养方式有很大关系。"古怪"是个贬义词，我认为用这个词并不恰当，用"个性"这个词或许更适合。孩子有个性有可能是在人际交往方面有所欠缺，不能理解他人，特立独行等。父母对孩子的某些行为要理解，信任孩子。在生活中要有意识地培养孩子学会分享，懂得体会别人的感受。同时，父母要抽出更多时间去关注孩子的需求，让他在人际互动中得到快乐。

93. 离婚了，对孩子隐瞒好不好？如何跟孩子解释？

答：不要隐瞒，瞒也瞒不住。很多孩子都比较敏感，很容易胡乱猜测，导致缺乏安全感，或者增加对父母的仇恨，做负面的归因。如果夫妻双方能处理好纠纷，正常如实告知孩子分开的事实（详情可以不必告知），就能寻求孩子的理解。最重要的一点是，告诉孩子即便爸爸妈妈分开了，还是你的爸爸妈妈，只不过是换了一种生活方式。也要告知孩子父母的爱一直在，他依然是爸爸妈妈的唯一。

94. 单亲家庭的孩子要不要特殊关照？

答：很多单亲家庭的父母都有一种补偿心理，认为自己不能给孩子一个完整的家。所以，尽量去满足孩子的一些需求，有求必应，过度溺爱，导致一部分孩子好逸恶劳，沾染恶习。单亲家庭是否需要给孩子特殊照顾？我认为不需要。一切顺其自然，不需要搞特殊。该给的爱给足，让孩子觉得有安全感，让孩子自己的事情自己做，培养孩子能力才是最重要的，让孩子独立面对以后的生活。不要因为单亲家庭就对孩子过度溺爱，反而害了孩子。

95. 生了二胎后，如何减少老大的负面情绪？

答：当一个家庭中又出现了一个宝宝，作为第一个出生的老大，会产生一种资源被分享和占有的感觉，资源永远是有限的。在家里，这个有限的资源就是父母的关爱。如果家长处理不当，老大会有不安全感，会有愤怒感和嫉妒感。当明白老大这些负面情绪背后的原因时，家长更应从老大的角度去理解他，同时需要掌握三个原则：第一，所有的精神层面和物质层面的给予要尽量做到公平。第二，让老大理解自己当哥哥和姐姐是要疼弟弟或者妹妹的，就像爸爸妈妈比你岁数大，所以就要照顾你，因为我们是一家人，要学会互相照顾。第三，等到老二长大一些，在老二面前强调老大的地位，从而让老大心生优越感和责任感。

96. 作为父亲，如何与青春期的女儿沟通？

答：青春期，是孩子性意识的萌动期。在这个时期，女孩的第二性征发育开始，性意识开始发展，开始注意自己的行为和打扮，并学会保护自己的隐私。父亲作为女儿成长期的第一个重要异性，在女孩的青春期占有非常重要的地位。对于女性来说，在很大程度上，其性意识是在父女关系中被塑造的。因此，父女关系中，女儿需要父亲尊重她作为女性的价值，需要更多的尊敬和亲密异性的赏识。所以，处在女儿青春期的父亲，在家里要塑造一个好男人的形象，这样有利于女儿树立正确的择偶观。父亲尽量不要对女儿的行为进行讽刺和打击等负性评价，多些鼓励和赞美，让女儿自信和阳光起来。

97. 如何帮助孩子建立积极的三观?

答:俗话说:"家庭是人格的制造工厂。"在孩子对世界尚不明就里的时期,父母就是他们的世界。父母和他们的关系就是他们和世界的关系。父母是孩子观察、模仿和认同的对象,是他们无法磨灭的人生印记。所以,父母如果想正确建立孩子的三观,首先要有和谐的夫妻关系、亲子关系和婆媳关系等家庭关系。很多时候父母自认为做的事情是为了孩子,但是反而对孩子伤害很大,比如他们常常会说的"要不是因为你,我们早就怎样怎样了……"基本上直接就把父母的不幸福和孩子挂钩了,这样会让孩子对未来的婚姻生活和家庭生活充满恐惧。在与孩子共处的家庭生活中,父母要减少对亲人、他人和社会的谩骂、打击、讽刺、挖苦等负面言论,这样很容易导致孩子形成"世界是不友好的"这种观念。如果你想让孩子变得阳光,首先家庭中要充满阳光,作为家长要变成太阳,把尽可能多的光明和温暖带给孩子。

98. 孩子爱咬手指,怎么办?

答:孩子爱咬手指,很多家长以为是缺乏微量元素,会带孩子去医院检查,甚至补充微量元素,但是发现没有任何效果。实际上,孩子咬手指往往是因为在所处的环境里比较紧张,通过咬手指的方式缓解这种紧张的心情,久而久之,就形成了习惯。这个时候家长不要去严厉地对待孩子的这种行为，更不能威胁恐吓。有的家长看到孩子咬手指就打一下，以为是在提醒孩子，其实不然，这样只会加剧孩子的紧张状态，不但没有改善，反而会加重。家长应该在日常生活中给孩子塑造一个宽松的成长氛围，很多事情都可以通过协商来达成一致，而不是一味施压。

99. 孩子被反惩罚打另一个孩子，父母应该怎么办?

答：孩子在学校被老师要求打另外一个经常打别的同学的孩子，这种做法增加了被打孩子的仇恨，也给其他孩子带来心理负担，还可能给孩子一种意识就是武力可以解决一切。当然，这个经常动手打别的同学的孩子，要分析一下原因，很可能是一个红色性格的孩子。父母教育方式也有问题，可能对孩子也是经常打骂，导致缺少情感联结，和其他人也没办法建立起正常的情感沟通。针对被惩罚的孩子家长，需要跟孩子沟通一下，问问孩子内心什么感受，让他说一下自己对这件事情的看法。如果觉得不对，以后不干就是了。如果认为对，需要经常教育孩子武力解决不了问题，你自己被打心里也不会好受。如果是害怕就要给他安全感，告诉孩子遇到任何事情，父母都会帮助你。

100. 女孩子总喜欢跟男孩子玩，用不用管?

答：这个问题我认为不是一个多么严重的问题。仔细分析，总喜欢跟男孩子玩的女生，一般不会是恋爱问题，因为她们能跟很多男孩子打成一片，像哥们儿一样。这样的女孩子往往性格上遗传父亲的性格特点，大大咧咧，偏外向活泼，或者被家里从小当男孩子养。而母亲的性格比较追求完美，容易焦虑，对孩子关注太多，限制太多。尤其是在家里爸爸做主，导致妈妈的权威感不够，加上限制多，导致孩子抵触妈妈，觉得事儿多麻烦。

所以，对于只跟男生玩的女生，直接用负面的词语去评判是比较片面的，因为一个人行为习惯、个性的形成需要考虑到她的家庭关系、成长环境、先天脾性等因素，如果换了一个人在同一条件下成长未必不会有同样的结果。

第七章
读者专栏

第一节　来自星星的孩子

为人父母最大的荣耀，应该是看到自己的孩子健康成长，学业有成。但是有这样一类孩子，他们从小就流露出超出同龄小朋友的聪明，比如过目不忘，比如可以玩同一个玩具很长时间，尤其在某些方面有着超常的表现。但是随着他们慢慢长大，你会察觉他们有那么一点点不一样。

阿斯伯格综合征（Asperger Syndrome，AS）是广泛性发育障碍（PDD）的一种，患儿存在语言交流困难、人际交往困难、行为模式刻板、运动笨拙独特、情感成熟偏慢等行为和发育异常。AS者并无明显的语言和认知能力损害，智力正常，甚至少数AS者具有某些方面的超常禀赋，临床上，阿斯伯格综合征被误诊的现象突出，诊断年龄在8—11岁甚至青少年或成人，很多孩子因为"不合群、被同学孤立、郁郁寡欢、不上学"而"曲线就诊"，在大多数情况下会被作为"抑郁或焦虑""多动症"予以对症处理。

亲爱的老师：

见信佳。听过您的讲座，您讲座中谈到的那个案例让我动容，我鼓起很大的勇气，给您写这封信，期待得到您的一些建议，给我这个能量快要燃尽的妈妈。多谢多谢。

　　我是一名阿斯伯格患儿的妈妈，您大概听说过这个病症，6 岁的时候，孩子在北医六院被确诊，知道这个结果不到一年，孩子的爸爸和我离婚。其实我的爱人是在他那个行业中出了名的大拿，可是之后他没有来看过孩子一次。孩子上初中后有一次去单位找过他爸爸，等了一下午，据说他爸爸从后门离开了。

　　可以说我的孩子不幸又可怜，为了补偿他，只要我可以给予他的，我都愿意给予他。这也造成我对他有些许溺爱。

　　细细想来，孩子在很小的时候就表现出在某些方面的异常，大动作发育很落后，一岁半刚学会坐，总是用尖叫表示自己的不接受。一岁多的时候，他似乎表现得有点儿特别，比如他不喜欢和其他人玩耍，甚至不喜欢和其他人靠近，他总是自己在玩着自己很感兴趣的一些东西，比如一直在看我家附近的那几路公交车，他对数字很敏感，看到那几个熟悉的车号就会激动得拍手，对普通孩子喜欢的传球踢球、小汽车和毛绒玩具全然不感兴趣。当时我也只以为他比较有个性，很酷。

　　真正发现问题是上幼儿园的时候，我们开始收到来自幼儿园老师的多次"传唤"，投诉的事情有"咬被子，咬人，咬一切可以咬到的东西"；他上课无法跟上老师同步授课的动作，似乎总是在走神；他和小朋友在一起，别人说什么他从来不听，但是如果别人不听他的，他就会抓狂、大哭，甚至躲到不知道什么地方，直至老师从某个不知名的角落找到他。我和他爸爸的工作都被打扰，园长也暗示我们多次"是否可以换一个幼儿园"。那些年我们疲惫不堪，但是也只是认为孩子有些调皮，有些"独特"而已。虽然我们前前后后换了3个幼儿园。

孩子爸爸的同事建议我去给孩子看看医生，她欲言又止的样子现在我还记得很清楚，那是孩子爸爸公司的一次年会，观看节目的时候，孩子不能按照要求静静地坐着，他一直在不停地发出声响；吃晚餐的时候，他没有礼貌地用手去抓桌子上的食物，尝了尝不好吃，又直接甩回餐桌上。我和他爸爸略显尴尬和难堪，这时他的一个同事悄悄地给了我一个建议。

北医六院，算是全国比较知名的医院了，尤其在儿童心理问题方面，检查的结果是"阿斯伯格综合征"，听到这个结果的时候，我崩溃了。我从心理上无法接受自己的孩子竟然是异常的，是有病的。孩子的爸爸更加不能接受，他在他们行业内享有很高的知名度，也许他更加不能接受一个"异常"的孩子吧。

我一个人带着孩子，艰辛程度可想而知，父母年纪大了，帮不了我什么。从小学开始，孩子经历了频繁的劝退——入学——劝退——入学。这个病症带来的负面影响，不光注意力不集中，拖延症让他无法跟上正常的授课节奏，无法像其他学生一样按时完成老师留的作业，也使他经常扰乱课堂秩序，他可能会对老师讲的某一个知识点很感兴趣，他就会自顾自地在课堂上说起来，如果老师不回应他，他就会很急躁。他没法和人正常交往，出门玩一会儿，就会满脸伤地回来。在学校中，经常会跟同学起冲突，有一次，他自己私自带电话手表去学校，借给了一个同学，结果被老师发现没收了。他气愤异常，一直用脚踹那个同学的桌子，老师也劝不住他，直到老师把其他同学都转移到另外一个教室，他还在拼命地踹那个桌子。老师无奈，只能给我打电话，让我把他接回去。我可能时时刻刻都会接到来自老师的电话，工作也不能继续，住处因为他的转学屡次搬迁。

　　因为他这个病症，我也开始逐渐学习一些这方面的知识，我知道这类型的孩子都很敏感，家长需要极大的耐心和容忍度。但是，我不是圣人啊，孩子越大越像个话痨，每天都是同样的话题，翻来覆去，而且他的思维总是和正常孩子不同，你根本无法扭转他的思维，他认为1+1=3，那就是等于3，过去我还纠正他，现在我真的已经疲于应付了。对学校老师有任何不满意就会给学校校长打电话，给老师发信息。我每次都赔着小心帮他道歉，帮他解释，其实接触过他的老师都很善良，给他最大的善意。但是，我真的不知道这样的日子何时才是个头啊。

　　亲爱的老师，无数的夜里，我都要活不下去了。我真想带着这个孩子一了百了。可是这能怪他吗？这不能，他是没法选择来到这个世界上的啊。我可以放弃一切，但我没法放弃成为一个妈妈啊。

说得有些啰唆，希望能得到您的支持和建议，谢谢您。

可以公开。

亲爱的家长：

首先为您的勇敢点赞，您是一个值得尊敬的有勇气的妈妈，您诠释了母亲这个伟大称呼的意义。我深深理解阿斯伯格患儿家长的不易，这种不易不光体现在家长对于孩子的付出，更多集中在在这样一个开放兼容的社会中，却很少有人愿意了解和接受这些脆弱的孩子。

阿斯伯格综合征的成因，目前尚不清楚，现在社会上比较接受的是通过认知行为疗法进行辅助调整。认知行为疗法要求我们不要过度地关注孩子行为的本身，就好比冰山的表面，我们习惯看到孩子行为不好的一面，一味地批评、打击，而往往忽视了孩子行为背后的成因，也就是海平面底下的冰山。

当我们学会去揣测、发现和观察孩子行为背后的原因时，我们可能会更加了解孩子。在充分地了解他的动机之后，用他喜欢的，可以接受的方式，去让他理解、接纳"正确的价值观和方法论"，鼓励他做出"可以让他人接受的行为"，必要的时候，给予一些小奖励。在这样的模式下，你会发现，我们的情绪更加平稳，不再用情绪去施压孩子，不再用内疚折磨自己。因为当你细心陪伴孩子之后，你就会发现，所有的孩子都是一样的，阿斯伯格的孩子只是需要大人再多给他们一些时间。

也希望所有的家长，不要紧张，不要焦虑，尤其是当受到来自外界的评价和负面定义的时候，家长自身的承受力更需要强大。在这里，我也特别想呼吁，社会应该更加开化地理解和接纳阿斯伯格患者。

对于您，我要给您打打气，虽然您是一个"特别的孩子"的家长，您也可以感谢孩子带给您的"历练和醒悟"。因为您的宝贝，您变得无比强大，给予您的孩子最强劲的翅膀。我也想到我带过的很多孩子，很多焦虑的家长。在怀孕的初期，我们都希望宝贝健康快乐，可是当孩子成长成人，我们对孩子的要求越来越高，甚至忘记了我们拥有孩子的初衷。让孩子焦虑、抑郁甚至陷入各类精神疾病。

建议您，依然无条件地接纳孩子，爱他，给予他最基础的安全感，在陪伴他成长和游戏的过程中，应对他生活中的琐碎，多带他去自然界，多带他运动，加强他生命中的耐受力，让他从心底热爱自然界，从而热爱生命。

第二节　我的女儿去哪儿了

　　作为家长，你是否希望孩子一直不要长大？看着他们小的时候蹒跚学步，看着他们第一次"牙牙学语"，看着他们手舞足蹈地学着大人跳舞，我们真的有那么一瞬间觉得，如果我们的孩子一直这样乖巧、听话多好。

　　可是，从什么时候开始，你的宝贝变得不听话了，他们开始顶撞你，他们开始撒谎，他们开始有自己的秘密……在那一刻到来的时候，你是否做好了准备？

　　青春期，是每个人成长过程中的必经之路，也是人们从依赖走向独立的过程。青春期综合征，是青少年特有的一种生理失衡和由此引发的心理失衡病症。其根源是性激素的急剧增高、自我意识的迅速增强、强烈的挫折反应等多种因素相互作用所致，故又称青春期挫折综合征。

尊敬的老师，您好：

　　很长时间不写信了，手生，想到哪里就写到哪里，可能有些乱。望您包涵。

　　我的孩子，我觉得她应该是青春期叛逆了，她今年初三，之前是一个文文静静、非常有爱心的小女孩，特别善良，就是见到有受伤的小动物都不敢看的那种。过去孩子和我关系特别好，她总喜欢缩到我怀里撒娇和我说心里话。

但是近几年，这些好的地方越来越少了，我的孩子变得喜欢打扮，学习也不经心了，考试成绩一落千丈，老师说她上课的时候总是走神，作业完成得也不及时。下课总和男生打打闹闹，老师和我私下说，孩子这个年纪，男女之间频繁来往很容易早恋。我偷偷看了她的日记，其中果然有对某一个男孩子的描述。我很气愤，但是想到一些电视剧演的，所以，我就不动声色，平时不断警示她，但是，她不怎么听。最近发现她用手机的时候特别多，晚上路过她房间时总是看到里面有光，我判断她一定在玩手机。最近看她状态也不好，估计是有什么情感上的变化。那天我看到她手臂上有条结痂的伤口，问她怎么回事，她也不说，一副很反感、很不耐烦的样子。

孩子成长于单亲家庭，我和孩子爸爸很早就离婚了，我们经济条件不太好，在她小的时候，我总是打好几份工，真的，那时候下了班，还要再去网吧盯夜班，我现在也发现对孩子关怀得较少，之前都是她自己带着钥匙回家，自己写作业。平时我回家，她喜欢和我说这说那，我总是太累，根本不会认真听她在说什么，只是简单地应付她，后来她和我说得越来越少。

孩子其实也懂得我的不易，有好吃的，总会"留给妈妈吃"，但是，只要她成绩不好，我还是会骂她，我没啥文化，所以骂出的话应该不好听。可是老师，我真的是做牛做马都为了她啊。我们母女俩相依为命，我都没想过再婚，这出一家进一家的，我又是个女孩，万一以后找的继父对我闺女不好。我真的是所有都为了她，但是她越大越不争气。

我们的沟通，只要一说话就一定会吵架，我们现在已经不能说话了。说实话，我看到现在的她，我整个人都是心烦的，头大的。她看到我，也是极为不爽的。都说青春期的孩子会叛逆，她怎么变成这么一个样子啊。

恳请老师，能够教给我一些方法，帮助我改善一下孩子和我的关系。

可以公开。

亲爱的家长：

很感谢您的信任，我简短地说。青春期问题，的确是初中和高中家长最头疼的问题，这种问题的困难程度，是孩子突如其来的叛逆和我们尽管做了很多心理预设依然猝不及防所导致的。

但是，我想告诉您，的确所有的孩子都有青春期，但并不是所有的孩子都有青春期叛逆。孩子现在所表现出的所有问题，一定和她的成长背景和家庭教育方式有关。

如您所说，因为家庭原因，可能您陪伴孩子的时间较少，您过于辛苦地承担，使您疲于做一个"合格"的妈妈，甚至孩子和您倾诉,您也无法抽出时间回应孩子。所以,我可以说,你们并没有建立好很亲密的沟通模式。这也可能直接导致后期您和孩子的沟通障碍。

亲子沟通的前提是彼此之间的尊重和平等,如果前期您的倾听度不够,孩子可能也会失去耐心,放弃和您沟通。

至于孩子为什么会早恋,我之前常说,单亲家庭的孩子很容易早恋,因为家庭关系中的角色缺失,孩子总会很自然地去寻找其他人进行"角色补位",孩子需要一个人听她说,给她主意,给她温暖,给她关注。您在信中说"孩子手臂出现伤痕",我明白您的担心,也希望未来有机会和孩子进行沟通,能够探究"伤口形成"的真实原因,在这里不做猜测。

许多中国家长,都喜欢采取"诉苦式教育",期待孩子学会感恩,明白和知悉自己的不容易之后,学会体谅。这种方式,在我们那个年代十分常见,是因为过去我们"耳濡目染",真的看到和体会到家长的苦,而现在的孩子,他们面对的信息太多,所以他们很难"感同身受"。即使感受了,也会觉得父母的"诉苦"是一种难以承受的"唠叨"。所有的"抱怨"其实都是为了"讨要",我这样做了,你不应该知道怎么做吗?其实,您想想,都说父母对孩子的爱是无私的,我们何尝想过,我们的付出是需要孩子做什么吗?其实只是希望从孩子那里得到肯定罢了。

我给您的建议是，放慢节奏，真诚而敞开地和孩子进行沟通，这种沟通的前提是"我愿意听你沟通""你说什么我都愿意懂你"，只有这样，才能建立一个前期的沟通平等关系。

还有，亲子沟通也确实需要一个媒介，不光让孩子听听您的吐槽，也听听孩子是怎么想的。只有这样，双方打通，才会有更好的效果。

第三节　我只想做我自己

你想玩泥巴，他们让你学数理化；

你想学舞蹈，他们却说这不是正道；

你也许只想好好学习，他们却希望你学习学习，只有学习；

……

终于有一天，你好想说，我只想做我自己。

尊敬的老师，您好：

第一次尝试给您写信，和您分享过的其他信件不同，我不是家长，我是一个学生，我现在遇到一些困难，想和您说说，希望您能帮我分析一下，谢谢您了。

这些天，我有一些不开心，心情持续低落。这个情况在去年出现过一段时间，就是怎么都无法开心，怎么都不快乐，每天都不太有精神，感觉上学是一件很累的事情。

其实，过去的我是一个能量满满的人，我是班级的"开心果"，我是被很多人称作即使天塌下来，都会在前一刻开心快乐的人。很多人羡慕我的性格。在高中之前，我也以为我真的是这样的性格，可是上了高中后，我渐渐发现，我也有不开心的时候，时常自己不知不觉就会不开心。但是，我还要装着开心，因为当我和别人说我不开心、难受的时候，大家总是很惊讶的表情："你也会不开心？你怎么会不开心呢？"可是我真的不开心啊！但是，没有人接受我的不开心，我和父母说，我妈说是因为我给自己定的目标高，但是自己又做不到，所以才会难过。我知道她说的是我的学习，可是我想和她讨论的不是学习，是我的状态啊。我和爸爸说，他通常在看电视或者玩手机之前还会理我回应我两句，后来，我再和他说，他就拿着手机走开了。

那个时候，我忽然明白了，这个世界上，不需要不开心的我，他们需要"开心的我"。即使我真的不开心，我也要装着开心，装着快乐。

后来我看电影《小丑》，那是一部看哭了我的电影，世人都看到小丑疯癫，可是在那涂满油彩的面具之下，谁又看到过小丑的哭呢？

我想起我小的时候，因为爸爸妈妈是老师，我在他们的学校上小学，那时候，妈妈就告诉我，要好好学习，不能给他们丢脸，因为他俩是老师，老师的孩子是不能学习差的。

学校有文艺会演，我一定要参加，运动会我也一定要参加，这在很多同学看来是无比开心的事情，但是对我来说却是压力。因为，我不能表现不好，我只要参加就要做到很好，因为我是我妈的儿子，别人看来会说："你看老师的儿子多棒！"从小学开始，班主任照顾我妈的面子，让我当班长，天知道，我多么不想当班长，有的时候，面对同学的挑衅——你当班干部，不就是因为你妈是老师吗？现在想来，其实小学的时候，我就受到过"校园霸凌"，因为我妈比较严厉，所以她所带班级的学生会来找我麻烦。

老师，你知道吗？我妈有时候"扬扬得意"地向别人炫耀，我作为教师的儿子享受特权（中午可以和她去食堂吃饭，可以在她办公室睡午觉，可以在办公室写作业并"享受"其他科目老师的免费辅导）。我最痛恨的，就是我是一名教师的儿子。

写到这里，我忽然想起，我妈妈小时候因为我过年发脾气，罚我在外面站着的时候，那是我第一次发脾气，但是妈妈教育我，在外面要保持微笑，要用好的状态面对其他人，控制自己的情绪是一个人最重要的能力。那是冬天，外面很冷，我就那么地站着，天是黑的，万家灯火，烟花爆竹，而我站在院子里。就那么站着，我奶奶家的表弟和表妹就那么地趴在窗户上看我笑。偶尔路过的拜年的邻居会探头进来看一眼。我哭得很伤心，泪水和鼻涕黏在一起，从那个时候起，我就不敢发脾气了。

高中以来，我和妈妈有了冲突，我第一次顶撞她，和她大声争吵，她把我家的门拉开，指着楼道和我说："你喊啊，让别人听听，让别人看看，这就是我作为老师教育出来的孩子。"最近，我总是胸闷，憋气很严重，有时候喘不过来气，总是会耳鸣……

其实想想我刚开始说的，我在学校人际关系很好，其实不能说好吧，只是我比较好说话吧，只是我不拒绝吧，只是我妈妈让我把好吃的分给大家，我都这样做了吧。

高中之后，我的成绩有些下降，她给我报了很多补习班，我妈妈是我奶奶家的权威，因为她"教育有方"，因为我从小成绩就好。我奶奶家、姥姥家所有的教育问题，都是要咨询我妈妈的，别看她是个小学老师。我想，她是不能接受自己的儿子成绩变差吧。

老师，我有点儿担心高考，我担心我考不好，我觉得我妈妈肯定接受不了。很多家长都会和孩子说"努力就好"，我妈妈和我说的是"你怎么也得上个本科吧"。我妈妈认为没有给我压力，她和别人说"我从来不给我们家孩子压力，我就让他上个本科就行"，一般其他人都会说"你儿子那么聪明，你又是老师，他肯定是985、211"。我妈听到这些的时候，都会意味深长地看我一眼。

最近我的情绪又低落了，晚上总是睡不着，我脸上开始冒痘痘，也开始有头皮屑，很长时间不犯的湿疹又复发了。

老师，你能帮帮我吗？

允许公开。

亲爱的你：

你信中没有署名，我这样称呼你，希望你不要介意。你的信我反复看了三遍，尤其是你描述那段过年被妈妈惩罚的场景，我脑海中出现一个单薄、委屈的男孩冻得瑟瑟发抖还委屈得抽泣的样子。孩子，你真让人心疼。

我想要抱抱你，深深地抱抱你，整封信，你都那么礼貌而克制，我觉得生活中，你一定是一个很温暖的男孩子。

我能感受到从小到大，妈妈满满的期望给你带来的压力，还有"教师子女"这顶荆棘王冠带给你的"痛苦的荣耀"。你还是个孩子，你可以让自己不用事事那么优秀，世界上的角色那么多，你不需要只做一个角色的。

你说你憋气、胸闷，其实是压抑之后的躯体化表现，当人不舒服的时候，身体会表现出来的，湿疹、头屑增多其实都是精神压力过大的表现。从小你被逼着不能做"自由的"自己，而要做一个被定义的人，可想而知是很痛苦的，就像把一个人套在一个处处都限制他的模具中一样。

母亲对你期望很高，当你不能满足她的期望时，她就会焦虑，焦虑作为一种情绪就会时刻压抑着你。其实，这个问题可以通过亲子沟通解决的，但是通过你的描述，我感受到，你们的亲子关系并不太好，母亲似乎不能有效地倾听，不能理解你的感受。

心理学有个"鱼和水理论"，鱼生病了，只把鱼治好了就可以了吗？你还得换水！鱼生病了，水一定逃脱不了干系。但是很多中国的家长并不清楚这个问题，只是一味地和心理老师说，老师，你快速帮我把孩子调整好。这就像是只看到鱼的问题，而看不到水有问题一样。也有很多中国家长，因为"父母本位制"问题，不能正视自己的问题。

真的很希望，你的父母可以看到这封信，让他们听听你说的这些真心话。如果父母没有能倾听的耳朵，那么需要寻找相应的支持系统，有什么人，什么事，什么物可以支持你，给你力量，帮助你宣泄，若不能缓解，甚至压力愈发增大，像现在的你，已经出现严重的躯体化表现了，建议可以联系我们通过心理咨询帮助你。

第四节　妈妈再爱我一次

我第一次看这么深刻的电影，岁数很小，我就记得里面的小主人公有一只毛绒熊猫，我还记得片中扮演妈妈的杨贵媚，为了让儿子高烧减退，一步一个台阶地去跪拜菩萨。很长的台阶，到最后，一个镜头，杨贵媚的额头全是鲜血。因为妈妈一直在身边，我从来不能体味《世上只有妈妈好》这首歌的含义。甚至觉得这首歌写得很无聊。世上真的只有妈妈好吗？那为什么我接触的很多案例，孩子们提起妈妈都是一种仇恨的状态呢？

尊敬的老师：

您好，我是一个失败的母亲，也算是别人眼中成功的女性。我事业成功，家庭表面上算是和睦，但是比起我和我儿子的关系，我依然觉得我是这个世界上最失败的人。

我听了您的讲座，关注了微信号，看了很多案例，自学了很多心理学和家庭教育的知识，但是我不得不说："我是理论的巨人，行动上的矮子。"

我和爱人结婚将近十年没有孩子，因为我身体的原因，后来经历了试管手术，其中的辛苦，不便赘述。也是千辛万苦有了这样一个"命根子"。好在老天垂怜，他漂亮、聪明，从小就活泼好动，虎头虎脑，给我们的生活增添了很多乐趣和幸福。

现在孩子初三了，已经休学将近一年，在这一年中，他把自己关在房间里，每天只和我们简单地用微信沟通，沟通的内容也无非"没网了，交网费""没钱了，给我转钱"。我知道他彻夜不眠地玩手机游戏，我也知道他的屋子臭气难闻、垃圾漫天。我也曾在白天他熟睡的时候，进过他的房间，他的头发几个月不理，已经像女孩子一样是长头发了。

之前在电视上，看到过日本的"宅男"，我还和他开玩笑，我说你以后不会变成这个样子吧？一语成谶，我的儿子，真的变成了这样。

　　孩子之前学习成绩不错，也是因为学习成绩不错，我们把他的户口从廊坊办到了天津，在天津，现在想来，我们应该是全然无视了孩子的不适应，他的很多变化，现在想起来，其实都是有迹可循的，只是我们当时没有在意。

　　孩子的父亲是外地人，算是入赘我们家乡，现在不兴说"入赘"了，但是，我知道孩子的父亲深深在意这件事情，他是一个血气方刚的男人，有些大男子主义，平时也很在意自己的面子。从小对孩子的要求严格得近乎苛刻。孩子在外面表现不好了，扬手就会打的那种。有的时候，孩子自己都不知道自己哪里做错了，就会被爸爸打一顿。孩子和我说过，有一次，出去和爸爸的同事吃饭，因为没有主动打招呼喊"阿姨，叔叔"，爸爸面子上挂不住了，把孩子叫到卫生间，狠狠地扇了两个耳光，还不许他哭。这件事，孩子回家后告诉过我，现在想来，我当时的表现可谓"糟糕"，我说："还是打得少，规矩这东西就是从小建立，打完你，你就长记性了。"

　　其实，孩子爸爸对孩子也有很温情的时候，见到好吃的、好玩的，都会买回来给孩子的。那天打过他，第二天孩子爸爸就给孩子买了一只大玩具熊，当时看孩子很高兴，我以为孩子就忘了，父子之间哪有隔夜的仇啊！

　　可是，若干年后，当孩子和我们爆发第一次冲突，当他已经变得又高又壮，第一次对他爸爸动手后，孩子看着爸爸"恶狠狠"地说："你还记得小时候打我耳光的时候吗？那时候我就在想，如果有一天我长大了，我一定要还回来。"

从小到大，在孩子的管理过程中，我应该是和孩子爸爸站在一起的，其实也是考虑到我老公会对自己的家庭角色有意见，我不想反对他。我也犯了您讲座说的"一个告状的母亲"的错误。

在天津，他第一次和同学发生冲突，那是因为他私下评论他们班一个女生长得丑，被那个女生听到了，结果女生的男朋友找了一伙人，把我儿子堵在校门口了，扬言要揍他。我孩子天生胆小，那天也是反抗了，但是一个人怎么能敌过几个人，被揍了一个满脸花。班主任解决这个事情的方法其实也是欠缺考量，他把两个孩子都叫到办公室，彼此让道个歉，握个手。我儿子梗着脖子不道歉，那时已经把我叫到办公室去了。我看孩子这么执拗，怕老师没面子，就说："××不和你道歉，阿姨替他给你道歉吧，以后你们还是好同学。"这个事情就这样结束了，当天晚上，孩子爸爸从老家过来看他，孩子其实挺期待的。但是我还是主动和孩子爸爸说了这件事情，我说："你家××今天又惹祸了，老师让道歉他还不道，最后还是我低下头给老师赔的不是。"孩子爸爸听完，又给了孩子一脚。我知道，我写到这里，一定有很多家长开始骂我了，是啊，我该骂，可以把我的信发出来，让家长们都看看，不要走我的路。

晚上，我观察到孩子在房间中比画着手脚，不知道他在干什么，所以就给他们班主任发了信息，告诉班主任，可能孩子明天会有报复行动。第二天，班主任在课堂说，孩子报复心太强。

从那天开始，他就开始不去上学，开始是说难受，身体这里疼，那里疼。我们开始也帮他请假，后来发现他就是不去，也打过他，但是这次打他，他开始还手了。他和他爸爸对打，我上去拉架，他还给了我一拳。在这次和孩子的打架过程中，我们输了，其实，应该是我们还是舍不得打他，但是他对我们，真的是下死手啊。

后来就是这样的情况，他躲在房间不出来，通宵玩游戏，我们严厉地和他交涉过几次，每次都动了手，有的时候，他动手打我，他爸爸也不帮我。他和我们几天不说话了，自己订外卖吃，后来没钱了，不吃饭，我还是不忍心，给他做饭送到门口，他没有拿，后来有几次吃了，有几次没吃。我给他发信息，怕他饿着，试着给他转了几百元，让他自己订饭吃，后来就成了这样的局面，微信和我们沟通，不打称呼，就是没钱要钱，没网要网。

现在的局面，我们家长真的已经很无力了，很无力了，我们该怎么办呢？

求求您帮助帮助我们，真心地求求您。

亲爱的家长：

我必须坦白我的情绪，上述种种您描述的行为，真的是极坏极坏的家庭教育范本了，心理学上，我们希望和谐的家庭关系是正三角形的，父母和孩子都保持着基本的空间和距离，既保持联结，也要互相有空间。但是，反观你的家庭关系，真的是既不亲密，也没有联结，三个人像孤单的三条线。

其实母亲这个角色之所以伟大，是因为她是家庭是否和谐稳定最重要的元素。在整个描述中，你既没当好"好妻子"，您为了照顾丈夫的情绪，不光助长丈夫的暴虐脾气，而且在后期孩子对您动手的时候，孩子爸爸也没有"出手相救"；您没有当好"好妈妈"，孩子向您诉说委屈，您是嘲讽地指责，孩子在学校受了委屈，您是"向爸爸告状的人"。整个家庭中，您失去了孩子的依恋，也失去了丈夫的尊重。

这个案例，简单评估，其实还是一个比较有难度的案例，因为孩子已经和家长动手不是一回两回了，几乎已经处于"失控"的状态。其实，说到"失控"这个词，反观您的家庭，之前是父亲的控制太强了。他只要觉得有触逆到自己就会爆发，继而大打出手，他觉得自己可以随意操控孩子，不顾孩子尊严感受就去打孩子，打完之后，轻轻松松买个"毛绒玩具"就可以美化成"对孩子的爱"。而且还有您这样一个忠实的"拥护者"。

孩子的自尊被践踏得"无以复加"，丝毫感受不到家庭的温暖和爱，您又要求孩子怎么去向你们表达爱呢？孩子只能简单地"有样学样"，用暴力还报暴力，用冷漠还报冷漠。

我之前已经说了，在家庭教育指导中，单单摆动孩子一颗棋子，是无法改变整盘棋的局面的，这是需要家长一起配合的。

我理解您的焦虑，也为您现在的家庭深深地共情，但还好，您现在意识到，寻求正确的方法和指导来帮助。我还是要给您一些信心，家庭教育从当下开始，也许时间会长一些，但永远不晚。

因为孩子还在青春期，还具有可塑性，而且孩子把自己关在房间，只是以回避的姿态面对你们，我觉得还是有可以入手的空间的。

今天这篇文章的呈现，更像是给所有家长提了一个醒，"孩子只是'复印件'，'原件'是家长"的观念是错误的。所以，如果您不能平等尊重地对待孩子，未来也无法奢望孩子平等尊重地对待你们。

第五节　不听话的孩子

孩子不喜欢老师怎么办？孩子不爱学习怎么办？孩子不听我们的怎么办？

孩子没理想怎么办？孩子不上进怎么办？

今天家长的来信，应该和很多家长有共鸣吧。

尊敬的老师：

您好，看过您登的一些来信，受益很多，比起其他家长，我觉得还挺兴奋，因为我们和孩子的关系还没有那么糟糕，在一定程度上，我们是可以正常交流的，尽管现在他也总是和我们顶嘴。

今天想要向您求助的是，我的孩子夏天就要初三了，但是，他对于学习的态度很是让人头疼，不努力不刻苦，总是想着偷偷摸摸地看手机。

去年疫情，孩子在家上网课，开始新鲜了几天，但是后来我发现他上网课的时候总是偷偷看手机，课堂笔记做得也很潦草，他们老师几乎天天都会在班级微信群点他，例如笔记不认真，作业完成不及时。我们向他提醒了几次，每次他都觉得很烦，现在和我说话也总是大呼小叫的。

我们是江苏人，孩子很小的时候，我和孩子爸爸去广东打拼事业，几年下来，也算在这里安家立足了，有了两套房子和自己的事业。孩子五年级时我们把他接过来，其实这两年，我们也会在过年回家看他的，五年级之前，一直都是爷爷奶奶在照顾他。他来广东，和我们的关系还不错，没有那些书上写的不听话或抵触，其实现在除了学习，他也挺好的，周末每天早上他都会给我和他爸爸做早饭，蒸包子，包烧卖，他都会做的。只是一说学习，唉。

他自己说，在广东有些不适应，城市化太严重，老师也不亲切。他在老家乡下，有山有水，爷爷奶奶都很慈祥，是不会管孩子的。爷爷是养螃蟹的，所以，有一次，我们问孩子"长大后的理想是啥"，他竟然说"想和爷爷一样养螃蟹，建大棚"。天哪，老师，我们这一代人辛辛苦苦，抛家舍业，是为了让孩子还回农村去做农民的吗？我和他爸爸当时就教育他，这个孩子怎么变成了这样，一点没有上进心。

上个星期，他和语文老师起了冲突，因为上晚自习的事情，他和几个同学捣乱，老师惩罚他们，要他们以后不要上晚自习了。他们学校上晚自习要交一部分钱，其实算是夜宵费，他直接和老师梗着脖子说："不上就不上，把钱退给我。"老师气了个半死。本来这个语文老师就不太喜欢他，因为老师岁数比较大，是个女老师，大概不喜欢我儿子这种吊儿郎当的样子。其实，老师能有什么坏心思呢，也就是古板些，严厉些，我儿子这样不尊重老师，你说老师能喜欢他嘛。

都说现在孩子青春期就会叛逆，我估计他也应该是，我和他爸爸也很焦虑，我知道他也对现在这个老师有意见。其实，孩子小学有一个很好的老师，很相信他，很肯定他，也是因为那个老师，孩子小升初发挥得不错。但是，我们总不能要求所有的老师都按我们喜欢的来吧。

有时候和他说啥，就和耳边风一样，说多了，他就把自己关在屋里，我在外面和他说什么，他都不回应。就像拳头打在棉花里，有时候憋得我们够呛。

特别想让您和孩子聊聊，其实如果有机会，是不是可以请老师和孩子沟通一下。看看我们作为家长的，应该怎么做。

谢谢，老师，可以公开。

亲爱的家长：

谢谢您的信任，我在之前的一篇文章中提到过青春期问题，其实青春期随着孩子的身体发育，身体里有很多蓬勃向上的力量，这种力量好像在告诉他们，我长大了，我是大人了。所以，他们开始有被认同、被尊重的渴望。而且他们更敏感，谁喜欢自己，谁接受自己，他们都特别清楚。

在这里，说几个点。

首先，您说了，孩子小的时候，在一个山清水秀，自然的环境中长大，在青少年时期对于孩子的塑造其实是有关键意义的，所以孩子热爱自由，天性可爱。来到广东，其实孩子的话语中已经表现出了一些异地的不适应，可能您考虑的只是环境上的不适应，但是对两个城市，学习的内容、学习的方式、授课方式是不是也有不适应呢？您文中说，孩子小学时遇到一个很不错，很认可他的老师，所以他小升初发挥得不错。但是，到了初中，是否完全适应了，是否也找到适应的方法了，其实你们根本没有注意到。孩子厌学，有很多原因，需要具体分析。

其次，孩子说自己的理想是像爷爷一样"养螃蟹"，在我看来，孩子这个理想挺可爱的，其实应该问问孩子为什么会有这种想法。之前有个小学生，最大的理想是希望以后当一个"卖冰棍的"，家长觉得很丢人。可是我问过孩子，孩子说，因为家长很少让她吃冰棍和冰激凌，所以，每次她有机会吃，就觉得是一件特别幸福的事情。所以她觉得以后成为一个给别人幸福的人很好。如果听到孩子的解释，我们又会作何感想呢？所以，有的时候，我总是劝家长，不要着急，要让孩子把话说完，不要凭自己的主观猜测去定义孩子。

最后，孩子和语文老师的关系，我上文说了，孩子有自己的察觉，谁喜欢自己就和谁亲近一些，谁不喜欢自己，孩子是有感觉的。您描述得很多，刻板的老师不喜欢吊儿郎当的孩子，是不是平时在课堂上，当着其他同学的面，老师也会批评、评价孩子呢？

这些都需要具体和孩子沟通才能知晓，但是，还是感谢您的信任，您能去觉察去思考，寻求家庭指导专家的建议和指导，我觉得未来您和孩子的关系一定会有所改善。我们找到孩子厌学的原因，引导和培养孩子的学习兴趣，应该会越来越好的。

给您加油。

第六节　妈妈我不乖

马思纯在出席《吐槽大会》时，发福和走形的身材引起了很多人的唏嘘，很多人在网上批评她不专业，没有保持演员对自己的自我约束，放飞了自我。而新交的男朋友因为不良的业内口碑，也是广受诟病。但是马思纯在微博中回应："我现在比什么时候都快乐。"

我觉得，网友真正痛心的应该是曾经的乖宝宝变得不乖了。

亲爱的老师：

您好，谢谢您百忙之中抽空读我的信。祝您身体健康。今天想和您说一下我女儿。我女儿今年初二，在家不去上学已经将近一年了。

之前是因为身体原因请假，去两三天，休两三天，以后是去一个月休一个月，现在是很长时间没有去上学了。为了她上学的事情，我和孩子爸爸打也打了，骂也骂了，没用，孩子就是哭，就是不去上学。

我们家庭的教育方式比较民主，从小都没重话批评过她，孩子从小性格比较内向，话不多，不太善于表达。再加上我和她爸爸因为都在当地政府机关工作，老师也比较照顾她，加上孩子从小学习成绩不错，一路走来本来是很顺利的。

后来为了让她更好地接受教育，我们将她从我们乡镇的学校，办到了我们杭州市最好的国际双语学校。可是没想到从初一开始，孩子的成绩就开始有明显下滑的表现，到了初一下学期，之前很引以为傲的数学竟然滑到了班级倒数第八名。也许是孩子忽然下滑的成绩，让我们也有点着急焦虑，我和她爸爸确实当时有点手足无措，给她找家教也好，报课外班也好，她状态还是越来越差，每天就是涂涂画画，买很多画册和笔。有时候，我进她房间，看到她不做作业却在那里涂涂画画，气就不打一处来，为此我们没收过她的画册和她的笔。

因为我们工作的关系，我们没法每天陪读，所以在市里，是她外公和外婆陪读，周末我过去。外公外婆岁数大了，让老人帮着看孩子，本来我就有些愧疚，我妈妈这人爱唠叨，其实我和我姐小的时候，我妈就这样。所以，每当我周末去了，孩子外婆经常当着孩子面向我"告状"，比如："你家 ×× 又不吃我做的饭菜""你家 ×× 又惹她姥爷生气了"。我当然了解我妈的性格，可是想到老人帮忙带孩子，孩子还惹我爸妈生气，我真的控制不了自己，当然可能也有面子原因。我总是在没问明原因的情况下就去责怪孩子或者将她狠狠骂一顿。有一次，孩子爆发了，那时她一次月考成绩没考好，外婆告状，我说她的语气严重了些。孩子第一次爆发了，冲着我们大喊："考不好试会死人吗？"

那一刻，过去那个乖乖的孩子，那个不怎么爱说话，总是垂着眼睛的我的孩子面孔通红，眼睛满含泪水和血丝狠狠地盯着我。那一刻，我忽然觉得，我疼她，爱她，舍不得她的女儿不见了。

后来，孩子的班级中来了一个数学老师，这个老师有点儿教条，可能对待孩子的方式方法上有点儿问题，但是老师应该也是好意，上课总爱喊孩子回答问题，孩子不回答会当着全班同学面批评她，要不就会喊她到办公室。孩子不胜其烦。有一次，孩子没完成数学作业，她和老师说"忘在家里了"，结果老师就让她回家取，她本来就没写，肯定取不来啊。她就说，没有钥匙没法回家。那天数学老师好像也是和孩子杠上了，就说，给你妈妈打电话。孩子沉默了，一句话都不说，就咬着嘴唇站着，也不打电话，也不回答老师的问题。老师说她撒谎。

这些内容是老师后来给我打电话，喊我去学校，我才知道的。后来孩子回家就吐得稀里哗啦的，而且吐了两次，后来说胃疼，我们带孩子去看了医生，没查出什么问题。但是，孩子就是不舒服，从此就开始请假，到现在她怎么也不去学校了。

写得有点儿乱，我尽量将想到的信息都告诉您，恳请您帮助我们分析一下，也特别希望得到您的支持和帮助。我现在真的不知道该怎么办了。

也希望您帮我看看，我们怎样才能劝孩子去学校。

万分感谢。可以公开。

家长您好：

感谢来信，面对曾经那么听话和内向的女儿，忽然像变了一个人一样，对于您和孩子爸爸应该不亚于经历了一场天崩地裂的大地震一样，惊讶、痛心可想而知。

您在信的结尾希望我帮助您看看怎样才能劝孩子返回学校。可见对于孩子的问题，您还是没有意识到根本。现在社会很开放，家长意识到孩子心理健康的重要性，可是大多数家长还是只把心理咨询作为一个辅助，我们现在的学生心理咨询在家长的意识中，还是处在一个"头痛医头，脚痛医脚"的阶段。家长眼中看到的问题，只是孩子不去上学了，怎么能让她去上学，而从不考虑她为什么不去上学。这就像我一直给家长举的例子"冰山理论"，很多家长觉得只解决露出海平面的那块"冰山"的问题就可以了，就像是孩子不去上学。表面上看，可能是孩子受挫了，所以不想去上学了。但是实际上真正亟待解决的是海平面以下那巨大的"冰山"的问题。

从信中可以看出，孩子从小家庭环境较好，孩子内向不善沟通，顺利的成长环境让孩子受到的挫折较少，一旦遇到挫折孩子就会有逃避行为。您说从小给孩子建立的是一个民主的家庭环境，以鼓励为主，但是约束和规则较少，孩子其实因为性格内向、胆小，所以表现得很乖，只是我们感觉的乖，但是经不起一点风吹雨打。

从没接受过批评的孩子，在外公外婆照料期间不但被当众点评，还被您直接批评了，我很理解您的心情，对于父母有亏欠，对于孩子又"怒其不争"，所以您说的好面子也好，其他也好，其实都是帮助父母"出气"的行为，气出了，孩子也受伤了。孩子喜欢绘画，其实也是在用绘画的方法进行一种表达和发泄。但是，您却认为她"不务正业"，没收了她的画笔和画册。说重一点，您堵住了孩子表达的出口。

我们说不同性格的孩子应该采取不同的教育方式，从叙述中，您家宝贝应该偏蓝色性格多一些。蓝色性格的孩子内向，谨慎，不冒进，遇事思量较多，稳定，害怕不安全感。这类性格的孩子其实应该鼓励和规则并行，光鼓励会溺爱孩子。有了规则的约束，孩子会更加自律。

再说到孩子上学和数学老师的冲突，孩子厌学一定有原因，转学的成绩落差，老师的严苛，比如当众批评和频繁出入办公室，对于一个敏感内向的女孩其实都是一种伤害，也是一个很沉重的打击。以至于那次说谎事件，对孩子整个的三观也是一个影响，她没面对过这样的事情，自然也不会处理。而且出现了躯体化现象，开始呕吐。一般内心压抑的人都会伴随着肠胃方面的问题，因为压抑会伴随着憋气、胸闷。

个人建议，现在先不要着急考虑孩子什么时候回学校的问题，先正视整个家庭关系和教育方式，以及帮助孩子弥补伤害。

第七节　被打的姥爷

当今社会，越来越多的老年人承担了"第二次育儿"的重任，但是"老人宠溺孩子""老人不懂教育"……让隔代教育广受诟病。许多老人考虑到子女的事业，现实的经济条件，放弃安享晚年的时光，到头来却落了一个"费力不讨好"。

隔代教育，是现实；

隔代教育，也是无奈。

隔代教育，面对老一辈人的意识和观念，新时代父母如何吸收和接纳，又不至于引发家庭矛盾？面对"看不惯"但又"离不开"我们应该怎么做？

亲爱的老师：

您好，谢谢您在百忙中看我的来信。希望能得到您的思路和建议。

我的孩子今年13岁，是一名初中一年级学生。孩子成绩一直尚可，小学阶段总体成绩虽然有回落的态势，但因为孩子还算聪明，总体都保持在中上游水平，初中考入实验班，但是初一下半学期，孩子的成绩开始下降，开始不能按时完成家庭作业，上课注意力不集中，老师反映，孩子上课总是睡觉，精神不振。我收到老师的反馈，开始进行观察，发现孩子晚上偷偷躲在房间玩电子产品直到半夜。

　　我和爱人是异地，从孩子出生五个月的时候，我就返回北京工作，因为工作原因，我不方便带孩子在身边，孩子是我父母一直在老家帮助我照顾。我因为工作经常出差，所以平均半个月或一个月才能回去看一下孩子，和孩子亲情维系较少。

　　孩子小的时候，感觉不出来，就觉得像小宝宝一样，每次回去给他买些好吃的，陪他玩一玩，就尽了父母最大的义务了。我也很感激父母，因为他们帮助我分担了很多。后来孩子逐渐大了，我发现孩子身上出现了很多不好的习惯，比如"追喂"，就是孩子边玩边吃饭，孩子不吃，老人哄着吃；孩子会争抢其他小朋友的玩具，一不如意就坐在地上大哭大闹。通常这个时候，老人就会给他买单或者用食物来转移他的注意力。为此我和我的父母沟通过几次。但是觉得，"隔辈亲"大概都是这样。老人宠一些，娇惯一些很正常。

　　孩子上学了，因为知识简单，成绩还不错，但是到小学高年级，孩子注意力不集中现象加重，我观察到孩子写作业的时候，孩子姥姥总是端着水果或者牛奶进入孩子房间，不断地打断孩子学习。有的时候，孩子正在认真写作业，老人因为智能手机不会操作，就会喊孩子："登登，你过来帮姥姥调一下手机。"孩子作业没做完，姥姥也会进屋催："睡觉吧睡觉吧，晚睡觉对身体不好。"每当我批评孩子，我妈也会过来，把孩子拉到一边，冲我说："平时不管孩子，别孩子一有事就嘚啵嘚啵孩子。"我其实有时挺反感老人插手我们对孩子的教育，但是，看到孩子成长得还不错，就是一些小毛病，我也就想着"睁一只眼闭一只眼"算了。还有毕竟看孩子的是自己的爸妈，每次老公说，孩子有哪些新添的不好的毛病时，我听出他有责怪老人的意思，还会给他回怼过去："有本事你妈来看啊！"

如果不是初一下半学期的成绩滑落，我想我不会观察这一些现象。我发现，随着孩子年龄的增长，他有些自私，思想也有些消极，人生没有目标，也没有畏惧心。他有的时候情绪很不稳定，不能说他，一说他就火气很大，而且会特别烦躁，甚至会说"再逼我我就不活了"之类的话。对姥姥姥爷也没有半点儿亲情，总是说他们很烦，甚至发展到动手打姥姥姥爷，而且下手非常狠，不管不顾的状态。

有一次，我请假回家，正看到他和姥爷发生争执，姥爷应该是不让他玩手机，把他手机抢过来了，他冲姥爷很大声地嚷嚷，然后拿拳头捶姥爷的胸口。他初一，因为营养比较好，也是一米七的大个子了，他姥爷将近八十的人，姥姥在旁边拉架。我上去就给了孩子一巴掌，孩子直接推了我一把，然后转身进入房间，重重地把门关上了。

孩子走后，我的家感觉变得乌烟瘴气，姥姥还在责怪我，为什么要动手打他。我说："都是你们平时娇惯，现在好了，整个儿一浑蛋。"姥爷不说话，姥姥号啕大哭："帮你们看孩子还看出毛病来了，我们怎么娇惯了？你和他爸一年到头能回来看孩子几次？我们这么大年龄了，怎么会教育孩子？"还拉着姥爷，做出要走的样子。

老师，我真是烦透了，怎么会变成这样呢？我承认我对孩子关怀、教育得少，可是姥爷和姥姥很爱他的呀，真是什么好给什么，怎么孩子现在变成了这样？

我现在感觉我们家整个都是"翻天覆地"的。

如果时间可以倒流，要不我不生他，要不我哪怕放弃工作，也要自己带孩子。

亲爱的家长：

感谢您的信任，首先能够看出您这封信一定是在极度难过的情况下写出来的，所以您在信的结尾有了两种我个人认为都不妥的选择。

其实，您和孩子和姥姥姥爷虽是"三角关系"，但是又互为"利益共同体和利益相关方"。老人因为心疼你们工作生活的不易，主动包揽了照顾和抚育孩子的义务。您说，孩子和姥爷发生争执时，姥爷已经将近八十岁了，可见六十多岁的时候老人就接手照顾孩子了。孩子茁壮成长，老人日趋衰老。您面对孩子的变化难以接受的时候，可想而知，面对陪伴了十几年却在今天和自己动手的孩子，老人是什么样的心情？

在我看来，首先，对于隔代抚养，无论赞成与否，隔代抚养难以避免。据调查显示：在北上广三地，49.9%的家庭的幼儿由祖辈抚养，父母亲力亲为的比例不到46.3%。其中，上海隔代抚养的比例最高，达到了53.8%。很多人都认为，隔代抚养是现代社会一种很普遍的家庭模式。并且隔代抚养有很多优点：一、面对频传的保姆虐待孩子的新闻，老人带孩子要比保姆或外人放心很多；二、老人带孩子从经济角度上，能节省一笔不小的开销；三、老人带孩子自己也比较省心省事。

凡此种种，我想告诉您，无论孩子出现什么问题，我们都不能忽视和责怪老人的贡献和付出，如果您不懂得感恩，那么孩子也无法拥有感恩之心。

接下来，我帮您分析一下孩子问题的成因。

1. 我们常说"惯子如杀子"，什么意思？是指我们作为孩子陪伴人和监护人的边界问题，过于溺爱孩子，在我们宠溺的过程中，已经不知不觉将孩子往"小皇帝""小太阳"方面人为拔高了。为什么孩子会动手打姥爷？您看看古代皇帝对待贴身的太监、侍女是怎么做的就明白了。

2. 责任感的培养。老人带孩子确实存在一些包办的行为，这样的态度不利于孩子自身责任感的建立，比如有些孩子都已经上小学高年级了，还是依靠老人给系鞋带、穿衣服。慢慢地，在孩子的潜意识里，他不认为这些是自己的责任，反而觉得是老人的事情。

3. 不加约束和规则的溺爱。孩子为什么会动手打姥爷？这是一种攻击行为，因为过去我要什么你给我什么，现在你不给我就是违逆了我的意思，所以我要攻击你。为什么你是我亲人，我还要攻击你？因为孩子一直在享受被爱护、被保护，他从来没有学习过如何去爱人。

在您的信中，您记录了您父母很多教育上不妥的地方，诚然，里面有很多确实是错的，但是也可以看出，其实对于父母对您的帮助和奉献，从您本身，您并没有感恩。您认为孩子小的时候，就是给买点好吃的陪着玩玩就好了；孩子大了，就是父母不合适的教育影响了孩子的注意力。您在信中最后，给出的两个后悔，一个是生孩子，一个是让父母带孩子。

其实，我觉得更多是需要家长自己进行反思的，一个不懂得感恩的母亲是不会培养出一个感恩的孩子的。

其实，每个时代都有关于养育子女的正确的、最好的做法，但这并不意味着后代会完全效仿，两代人之间的摩擦无法避免，必要的理解和沟通才能有利于隔代抚养关系的健康发展。

我个人认为，您这个案例，首先不要着急将孩子成绩滑落的责任进行盲目确认，我们先要了解一下孩子成绩滑落和失去学习兴趣的原因。尽管之前孩子养成了一些不好的学习和生活习惯，但是孩子现在正处于"塑造期"，我们现在开始着手调整。家人们坐在一起，我相信我们的目标是一致的，都是为了孩子，所以，我们一定可以寻找出更适合孩子的解决方法。

第八节　失控的家庭

其实对于一个家庭而言，母亲真的很重要，一个控制不了自己情绪的母亲对家庭的打击是致命的。会毁掉夫妻关系，毁掉亲子关系。

尊敬的老师：

我实在已经不知道该怎么办了，因为我现在已经没有其他任何更好的方法来处理我们和儿子之间的关系了。

我儿子今年正常应该上初三的，但是因为成绩和他个人原因，我们给他办了休学，现在想让他在家自学一段时间做准备，然后明年再上一年初二，做好准备再参加中考。这是之前我和他爸爸和他沟通过的决定，当时他也认可了，并且下了决心和保证。但是还没有一个月，他就开始有一些异常化的表现，他表现得很烦躁，经常冲我和他爸爸大喊大叫。我们发生过几次冲突，我们对打，他也冲他爸爸和我动了手，但是我发现他现在好像越来越不忌惮跟我们动手，每次不光嘴上骂人骂得很脏，下手也特别狠。

他开始总是说他小时候的事情，比如说他很小的时候，我和他爸爸工作忙，把他送到托儿所，他被托儿所阿姨关小黑屋的事情，说起他小时候犯错误，我拿玻璃划他脸的事情，等等。都是过去的事情。虽然确实有发生，但他的言语中确实有些夸大了，比如，那是我生气，举起水杯砸向他，他被玻璃碴子溅到，我怎么可能用玻璃划他？他说的很多事情都好像是他幻想出来的。怎么和他解释也不听，他是我们亲生的啊。

我和孩子爸爸都是公职人员，说实话，他从小到大成绩就不错，小的时候，对他要求确实比较严，我和孩子爸爸是农村出来的，真的是凭着扎扎实实的考学奋斗到现在这个位置的，我们本身对自己要求就比较严格。小学的时候，带他去测过智商，智商分数很高，所以那时候，我们想让他考那个少年班，但是他没考上，我们当时是否责怪过他，我都忘了。但是，他现在时不时就会提起这件事情，说我和他爸爸是为了我们的面子在逼他，让他考少年班是为了我们在同事面前有面子，是我们虚荣，说因为他没考上，我还打了他，我真的不记得。

上小学和初中，老师和我反映他有些偏执，那时候我还没怎么注意。班主任为了鼓励他，让他当学习委员，其实就是负责收收作业。他管得"上纲上线"的，闹得人际关系很不好，上自习有同学说话，人家班长都没管，他主动告诉班主任，班主任没怎么管，放学那个被告状的孩子找了几个人和他打了一架。他下手重，把那几个孩子打得不轻，班主任可能批评了他几句，让他给那几个同学道歉。结果他梗着脖子威胁老师，说她侵犯了《未成年人保护法》，如果再让他道歉，他就向教育局或者教育部举报，让老师公职不保。其实我都不知道他怎么说出这些话来，老师被他这话戗得不行。

也因为凡此种种的原因，他在班级中待得越来越格格不入，因为我和他爸的工作原因，老师不说什么，但从心里，肯定也在排斥他。我们帮他报了班主任的补课班，他说话还是直来直去喜欢怼人，而且他觉得他不需要补习，让他补习，就是变相给班主任"受贿"，为此很看不上班主任。

他有时候想法过于偏激，其实我们都不知道他为什么会有这些想法。看似有道理其实又不通人情，我和孩子爸爸在单位不算是"老油条"但人际关系也不错，不知道我们的孩子为什么会变成这个样子。我们在家也劝过他，为人处世不要那么较真，我们是应该真实地面对生活，但是有些地方需要圆滑，需要会来事。他就说我们"虚伪"，嘴上一套，面上一套。

我感觉这段时间他的情绪越来越暴躁，起伏很严重。昨天晚上我回家很累了，就想让他出去遛下狗，因为怕他在家待着闷，我们还允许他养了一条狗。他直接就骂骂咧咧，说我们就知道支使他干活，说我们压迫他。我很累不想和他吵，就说你不去就别去了。结果他自己进厨房，乒乒乓乓一阵，自己给自己做了一碗面，等他爸爸下班进厨房，发现他把菜扔了一地，厨房乱七八糟的。

从月初开始，他也不外出补课了，说自己有"社恐"不敢与人交流，一看到陌生人就紧张。事情源于有一天晚上，我们一家人出去散步，走到一条商业街，有一条死胡同，然后我就想着从店铺穿过去。当时有两个店，一个是网吧，一个是内衣店，我肯定是不能让他从网吧穿，我就带着他们父子俩穿内衣店。当时他表现得很抗拒，但是还是和我走了，结果回来他就和我闹，说我不顾他面子，说我伤害了他的自尊，说他得了"社恐"。他一个小男孩，怎么思想这么复杂呢？

亲爱的老师，啰啰唆唆写了这么多，写完我自己看了一下，比较杂乱，但是描述得都还真实。期待您能帮助解决几个问题。

1. 我的儿子现在怎么了？

2. 他真的是"社恐"吗？

3. 他为什么会变成这样？我们做家长的应该怎么办？

谢谢您的解答。

可以公开。

亲爱的家长：

首先回答您的第一个问题，您的孩子怎么了。表面上看，孩子是因为长期待在家里，失去了正常的社会交往，导致了孩子的情绪波动。但是从您的描述中，其实发现孩子的问题又不是这么简单。

从小因为您对孩子的高预期，让孩子只感受到了您的严

厉，却没有感受到父母之爱。一个能对父母动手的孩子，他
是蓄积了多少愤怒，而且不夸张地说，之前您和孩子爸爸应
该也没少对孩子动手吧。孩子所有的行为都是在模仿，之前
您和孩子爸爸可能在用"家长权威"对待孩子，因为孩子还
弱小，自身力量不足以反抗。现在当他成长到一定阶段，他
开始对父母的管教进行反抗。结合您说的和孩子对打，因为
孩子小时候犯错误就拿玻璃杯砸他，您的情绪其实也有失控
的时候。

或者说，有的时候，您本身就是一个失控的妈妈。

他总是回忆过去你们对他做过的一些不好的事情，可见
孩子对于自己现状有着深深的不满，并且不能接受这么大的
落差，所以他将原因外化，认为造成自己现在种种状况都是
你们的原因，所以仇恨愈加严重。

在您的陈述中，其实我没有听到太多关于孩子父亲的描
述，是本身父亲的存在感低，还是在教育孩子这件事上，主
要由您主导？如果真的是这样，确实符合：

缺位的父亲＋焦虑的母亲＝失控的孩子。

可以说，孩子之所以出现现在的问题，已经证明，你们
的教育方式不适合他。

第二个问题，孩子是否得了"社恐"。

作为一个男孩子，现在正处于青春期，青春期孩子的特
点就是自我意识增强，希望得到尊重和肯定。您作为妈妈，

确实忽视了儿子的感受，让一个已经有"性觉醒"的孩子去内衣店，我觉得一个成年男人进内衣店都会有些尴尬吧。在自己本身抗拒，但因为母亲又不得不进的情况下，孩子肯定是压抑自己的感受和痛苦的。而且，您让父子两个一起穿过内衣店，而孩子爸爸也没有反对，其实也同样说明了，在这个家里，爸爸同样不会特别地关注孩子的感受。而且刚刚也说到，孩子现在的不如意和落差使他没有信心很满意地出现在其他人面前，所以他选择不出去，起码待在让自己有安全感的一个空间里。

第三个问题，孩子为什么会变成这样，父母应该怎么办。

我之前接触的公职人员的孩子，其实处人为世或多或少都有一些"激愤"的成分在，恐怕是他们的父母平时所表现的一些行为和私下生活中的一些语言相差甚远。孩子正处于性格和价值观形成时期，不是很具有是非评判感，所以，面对自己最亲密的父母，又从事这种很正统很权威的职务，内心会有很大的冲撞。这就可以解释，为什么前一段时间，网上那个支教大学生的过度言语会引起社会愤怒了。一个选择去偏远山区支教的大学生，在微博上咒骂自己教授的孩子是"傻子""笨蛋"的时候，这些言语本身就和教师的身份不符合了。

孩子在和老师发生冲突时，拿《未成年人保护法》说事，孩子说老师办班是"受贿",可见他有一颗对社会非黑即白的心,所以当您和他说,让他会来事,圆滑的时候,这本身对他的价值观就是一个冲击。

作为父母应该怎么办。第一,不要和孩子发生强辩,在孩子有言语暴力时,尽量先稳定情绪,让孩子平静下来。第二,母亲需要改变自己的强控制,要接受孩子的现状,不加以超高的期待。对待孩子平等尊重,对待男孩子尤甚。第三,可以尝试着三口人一起参与一些事情,比如一起做饭,不要总陷入因为学习而发生争吵的恶性循环,先帮助孩子学会生活。未来有机会三口人一起出去旅游,让爱重新充满家庭。

其中要提醒您一点,如果您描述的孩子有的语言是夸大或从未出现过的,需要考虑孩子是否出现了幻想和臆想。观察孩子在情绪平静的时候,语言和行为是否异常。如有异常需要及时联系心理老师。

祝好。

第九节　消极的女儿

有句流行的名言:"积极的人像太阳,走到哪里哪里亮;消极的人像月亮,初一十五不一样。"我们都喜欢和积极的人在一起,因为和他们在一起让我们觉得生活处处充满希望,也感觉生活中都是快乐开心的事情。我们不喜欢和消极的人在一起，原因是，和他们在一起除了不开心，就是抱怨，让我们觉得"人间不值得"。

可是，我们的孩子变得"消极"是什么原因呢？

亲爱的老师：

您好，看了您的几篇文章，很有启发，很认同您的观点，家长的行为影响着孩子。今天也想就我家孩子的问题，寻求您的帮助。

我是两个孩子的妈妈，今天向您求助的是我的大女儿，孩子今年五年级，现在很多习惯很差劲。我虽感觉孩子现今的发展和我及家人的教育密不可分，但是也觉得深深的无力。

我们一大家子生活在一起，我爱人应该不算传统意义上的"妈宝"，但是他也有些软弱，无论生活上还是事业上都不能给我提供有力的帮助。我心力交瘁，从小我和孩子和公公婆婆住在一起，孩子的爷爷奶奶对孩子娇惯至极，总是很心疼孩子，教育孩子的事情，但凡我有一点干预，他们就会以任何方式"阻止"。我也知道规则感对孩子很重要，但是，每当我给孩子建立一丁点儿规则感的时候，爷爷奶奶就会心疼得不行，或者是偷偷地同情支援孩子，或者是私下阻碍我对她的惩罚。有一次，孩子犯了错误，我惩罚她不让她吃晚饭，孩子爷爷奶奶心疼得不行，偷偷给孩子吃，结果孩子死犟，真的不吃了。结果孩子的爷爷哭着求孩子吃饭，孩子不吃饭，爷爷就哭。说出来都没人信，我老公也很喜欢哭。真拿他们一家人没办法。

女儿现在五年级，上课注意力很差，而且多动，不爱思考，数学成绩全班倒数，作业每天都不能按时完成，需要老师一对一坐在旁边监控她，看着她。她懈怠感和怨念感极重，不能自己穿衣服，每天应该干什么都不知道。也怪我之前给她安排得太好，真正的"衣来伸手，饭来张口"。

现在她动不动就喜欢和我顶嘴，对待长辈没有尊重感，一让她写作业或者让她复习，她就会情绪波动，并且消极语言不断，比如"你把我逼死吧""你直接让我死吧"。你看，这像是一个五年级孩子该说的话吗？！而且在她口中，总是别人不好，别人对不起她。有一次，她和别人发生冲突，孩子向我反映的是，一个高年级的同学欺负了她，我确实也脾气冲动，直接就找到学校，把那个孩子结结实实骂了一顿。后来经老师了解，才知道其实是她先招惹的别人，她先骂了人家。我后来也去和人家道了歉。其实，我也反思自己的行为，确实有很多失当的地方，给孩子造成了不好的影响。因为是女孩子，长得比较胖，我也觉得她比较单纯，害怕别人欺负她，所以每次一听到她受了欺负，我就比较激动。

可是，我们一片含辛茹苦的付出，孩子却一点儿都不懂得感恩。相反，她自私冷漠，我和她说："妈妈很失败，对你的教育。"她满不在乎地说："对啊，你就是很失败，你怎么不去死？"

我事业成功，不求子女大富大贵，但是我觉得孩子不懂得感恩一定是不好的，未来可能不孝顺，是逆子，现在我们确实对于孩子的管理束手无策，期盼专家给我们一些建议。

谢谢您。可以公开。

亲爱的家长：

看到您的来信，我深感您的无力，孩子不听话，爱哭的老公和爱哭的公公，您很想干预一切，但好像一切都不如您所愿。我也能感觉到您深深的沮丧感和受挫感。

信中您说孩子冷漠不懂得感恩，我想和您说一句话：所有不懂得感恩的自私的孩子背后，都有一对"仆人"一样的父母。孩子不懂得感恩缘于父母从来没有教会孩子学会"爱"。孩子不觉得父母为自己的付出是付出，觉得是应该的，觉得自己的定位就是"享受"，所以当您让孩子做她认为很累的事情的时候，她就会觉得您是"过分"的。毕竟，"仆人"怎么能要求"主人"做事情呢！所以孩子的反感和愤慨，您大概是明白原因了。而且从您的家庭看，不光是您和孩子爸爸两个"用人"，还有爷爷奶奶两个"耿耿忠心"的老奴，孩子的自大和目中无人可想而知。

正因为这样的心理定位，养成了孩子"唯我独尊"的性格，不能受一点违逆，只要受了违逆，就会情绪激动，而您每次的冲动行为恰恰助长了她的这种激动。您说孩子和同学发生冲突，暂且不说谁对谁错，孩子和孩子的冲突，我们尽量建议孩子在学校的协助下，自己解决，这样也能间接培养孩子自主、自立解决问题的能力。结果，您"一马当先"，先不了解事情的因果，直接去讨伐指责另一个孩子，这会让孩子觉得有人为自己的错误"站台"，孩子反而固化了"一切都是别人的错，自己没有错"的错误观念。

五年级的孩子，原本应该是很积极阳光的，您说您家的孩子总是说一些消极的语言，并且总是"死"之类的语言，可见同样，孩子也沿袭了您的无力感。凡是自己无能为力的时候，或者不能做出改变的时候，就用这种近乎"威胁"的语言，给别人施加压力，从而达到自己的目的。

您来信问我，孩子怎么会变成现在这样，其实您已经很清楚了。孩子变成现在这样，无序，无情，情绪波动，其实很大程度折射出的是您家整体氛围和关系的无序，不稳定。孩子爸爸的爱哭，您没有详细地说是什么原因，但是成人做不符合成人年龄的事情，其实也是一种"退行性"行为，也是一种不想负责任的逃避行为。

所以我想，您的焦虑和急躁是可以理解的，您担心孩子被欺负，也许"潜意识"里，您给自己的定位是整个家的"救世主"和"保护神"，您把自己定位到了这个位置，但其实您并没有那么大的能量。所以，当能量不足以匹配您给自己的定位时，您就会焦虑、急躁和抓狂。